儲かるSDGs

危機を乗り越えるための経営戦略

株式会社ノウハウバンク 代表取締役

三科公孝

Hirotaka Mishina

CROSSMEDIA PUBLISHING

SDGsとは「持続可能な開発目標」と呼ばれるもので、日本も含めて2030年までに世界で達成することを目指す17の国際目標です。本書では、このSDGsをあなたの会社の経営、あるいは地域の取り組みに活かす方法をお伝えします。

はじめに

これまでビジネスの世界では、儲けを追求することはビジネスの目的そのものだと語られてきました。しかし、ビジネスの現場や、地方創生の現場で聞かれる声は、少しずつですが変わり始めています。

「儲けの追求だけでは、やり甲斐や生き甲斐を感じられない」「儲けないと生きていけないけど、できるなら貢献に比重を置いた生き方をしていきたい」という経営者やビジネスパーソンとお会いする機会が増えてきています。

ただ、その一方で、「人として貢献を大事にしたいけど、綺麗事だけでは生きていけない」という思いを抱えている方々の存在も感じています。

みなさんは、ビジネスによる「儲け」と、そのビジネスを通じて行われる「社会貢献（地域貢献）」のどちらが重要だと思われますか？ おそらく、多くの方は、どちらも重要だと考えつつ、二択なら前者を選ぶのではないでしょうか。

なぜなら、企業がＣＳＲ活動（Corporate Social Responsibility＝企業の社会的責任）に取り組めるのも、本業の利益あってこそ——と考えられるからです。社会貢献も重要だとは思うけれど、まずは儲けだろう。そう思われる方が多いのではないかと推測します。

社会貢献は儲けあってのもの、という認識が間違っているとは思いません。ただ、それはＣＳＲのごく一部にフォーカスした、少し狭い解釈をベースにしたものだとも言えます。

企業のＣＳＲ活動と聞くと、寄付やボランティアなどを思い浮かべる方が少なくありません。

また、そういった活動は、利益や内部留保の少ない企業にはなかなかできないことであるのも事実です。

しかし、ＣＳＲ＝企業の社会的〝責任〟（貢献ではなく）という言葉の意味を厳密に追求するなら、何でもいいからとにかく本業で儲けを出して、その数％を社会貢献活動に寄付すれば、ＣＳＲを果たせる、というわけではありません。仮にその儲けが、労働者からの搾取や、過剰な環境負荷から生まれていたなら、どれだけ寄付やボランティアを熱心に行っても、企業の社会的責任を果たしているとは言えないでしょう。

つまり、本来のＣＳＲとは、本業の余剰で行う社会貢献活動ではなく、企業の活動全体でもって社会に貢献することを指しているのです。

「儲け」と「貢献」は両立できる

このように言われると、「そんなことができるのか?」と思われるかもしれません。

実際、筆者はコンサルタントとして活動しており、各種のイベントや自治体のほか、各地の金融機関や商工会議所・商工会などにお招きいただき、講演やセミナーをする機会もあるのですが、多くの経営者は「儲けと貢献は両立できない/両立しにくい」と考えていると感じます。


本書は、その認識を覆すことを目標としています。

儲けと貢献は、両立できます。

――と言うよりも、**儲けるためにこそ、社会や地域に貢献することが重要**なのです。


いま、各種税金の負担増や、新型感染症の影響に苦しみ、儲けを出すために日々頭を悩ませている経営者の方がたくさんおられるに違いありません。

そして「儲けと貢献は両立できない」と思っている人が、売上や利益をとにかく出さなければ……と腐心しているときに、「貢献のためにできること」という視点を持つのは難しいかもしれません。しかし、現状打破のきっかけは、社会貢献に隠されているのかもしれないのです。

そのヒントを、本書でお示ししたいと思っています。

ます。

中小企業こそが意識すべき考え方

企業が社会貢献をするための指標となるのが、書名にもある「**ＳＤＧｓ（Sustainable Development Goals）**」です。「エスディージーズ」と読み、「持続可能な開発目標」を意味します。

ＳＤＧｓは、２０１５年に国連サミットで採択された『持続可能な開発のための２０３０アジェンダ』に記載されている、「誰一人取り残さない」ことを目標に、持続可能で多様性と包摂性のある社会を実現するための、２０３０年を期限とする17の国際目標です。

もしかしたら、ここで、先ほどよりももっと「そんなことができるのか……？」という思いを強くした方もおられるかもしれません。

「企業の社会的責任」に加えて、「国連」という名前まで出てくると、一部の大企業を除けば、自社のビジネスと遠く離れた話のように感じる方も多いはずです。

ですが、実際はそんなことはありません。ＳＤＧｓには、どんな人でも、どんな企業でも取り組むことができます。むしろ私は、すでにＣＳＲ活動に力を入れている大企業よりも、中小企業こそが意識するべきものではないかと考えています。

SDGsで大きな注目を集めた小さな組織

私がそう考えるようになったのは、また、本書の執筆に至ったのは、コンサルティングをさせていただいているクライアントの多くが、SDGs的な取り組みをしながら、大きな成果を挙げるケースを傍らで目撃することが年々増えていたからです。

たとえば、京都府の障害者就労支援事業所・さんさん山城は、2019年に韓国・済州島で開催された「持続可能な開発 済州国際カンファレンス」に招聘《しょうへい》され、SDGsの海外事例として紹介されています。

同じく京都府の茶農家・茶園清水屋の抹茶は、世界的に有名な高級ホテルや、ミシュランの星を獲得している飲食店などから注目されています。

両者は規模的には、中小企業に属する事業所であり茶農家です。

さんさん山城は毎日およそ30名の利用者の方々が作業を行う事業所で、茶園清水屋は清水家のご家族を中心に運営されている茶農家です。**大企業どころか、中小企業という括りで見ても大きな組織ではありません。そんな、さんさん山城や茶園清水屋が、SDGsによって脚光を浴びている**のです。

日々真剣に仕事に打ち込む中小企業や個人商店はたくさんあるに違いありませんが、それだけで国際会議からの招聘や、超高級ホテルなどに注目されるような結果を出すのは難しいはずです。詳しくは本編でお伝えしますが、やはりポイントはＳＤＧｓなのです。

また、「社会貢献につながる取り組みは、大企業の莫大な利益あってのもので、自社とは関係ない」と思う方もいらっしゃるかもしれませんが、ＳＤＧｓに企業規模やお金の多寡《たか》は関係ありません。

繰り返しになりますが、どんな人でも、どんな企業でも取り組めます。なんとなく、敷居の高さを感じてしまう方も、どうぞご安心ください。

そもそも私も、「ＳＤＧｓ」という言葉を明確に意識したのは、つい数年前のことなのです。しかし、だからこそ、社会貢献活動とビジネスの儲けが結びつかないという読者の方にも、説得力のある説明ができるのではないかと考えています。

ただ、そんな私の周囲にＳＤＧｓの事例が目立ったことは、単なる偶然とも思いません。

私は船井総合研究所でコンサルティングを学び、約20年前に独立しました。

そして独立当初から、「ただ儲けるだけでいいのかな？　同時に地域や社会に貢献できる、そんな経営方法があればもっとかっこいい。」と言うよりも、そうする必要があるのでは」と考え、常に「儲けと貢献の両立」を意識しながらコンサルタントとして活動してきました。その背景には、同社の創業者であった船井幸雄会長（故人）の「よい企業をたくさん創り、よりよい世の中にしよう」という考え方があります。

とはいえ、当初から「貢献するから儲かる」という点にまでは思い至っていませんでしたし、SDGsに力を入れることが儲けに直結する可能性が高くなったのは、近年の社会情勢によるものが大きいと分析していますが、たまたま私は、SDGsの価値観に近しい立ち位置で仕事をしていたのです。

いま「集客・売上アップ」を実現する最良の方法

ここであらためて強く訴えたいのは、**本書は儲けと貢献が両立できることと、それを実践するためのノウハウをお伝えするもの**だということです。集客・売上アップは、SDGsで実現できます。

いま、インターネットで検索すれば、SDGsをテーマにした本はたくさん見つかります。ただ、そのほとんどが研究者などによる、SDGsの「考え方」を学ぶための本です。ある意味では高尚で、地球の未来につながる大切なテーマであるだけに、儲けとつなげて語りにくい部分もあるのかもしれません。

しかし、しつこいかもしれませんが、ＳＤＧｓは企業の儲けにつながります。また、地方創生においても、非常に重要な観点となります。コモディティ化対策にもなるので、そう考えれば、ほぼすべてのビジネスパーソンが対象読者と言える本かもしれません。

「信じられない」と思う方にこそ、本編まで読み進めていただきたいと思っています。

本書は全7章からなり、まず序章にて、シンプルに「ＳＤＧｓで儲けられるんだ！」と感じていただくために、本書で取り上げるさまざまな事例の中から、いくつかをダイジェスト的にご紹介します。

第1章と第2章は概説編です。第1章では、一般的にはお金にならないものと思われがちな、「世の中のためになること」が儲かる理由を具体的に説明します。新規事業創出や伝統産業の復活など、難易度の高い事業も、ＳＤＧｓを絡めることで成功例が出ています。そして第2章で、そのような成功例を知っていただいた上で、ＳＤＧｓの基本的な考え方を――単なる綺麗事としてではなく、マーケティングの視点から―お伝えします。

第3章と第4章は実践編です。第3章では「人を集める」ための、第4章では「危機を乗り越える」ためのノウハウを解説します。

第5章は、事例編です。序章から第4章までにも、さまざまな成功事例を取り上げますが、多くの企業・組織で参考になり、活用できることを意識して、その他の事例をご紹介します。SDGsが、「人的リソースが少なくてもできる」「お金があまりなくてもできる」「地道に継続すればできる」取り組みであることをお伝えします。

最終の第6章は発展編として、「持続可能な社会」という未来に向けて、私たちがどのように取り組むべきか——という点について、まだまだ私自身も勉強中ですが、現時点での考えをお話しします。企業や組織を大きくしていくことも大切ですが、この章はそうした枠を超えて、「社会全体に対する貢献」をより強く意識した内容となります。

とはいえ、もちろんSDGsで成功した企業や組織が、その活動を継続させるために儲けを捨てるわけではありません。

取り組むきっかけは、たとえ「不純」でもかまわない

逆に言えば、「なんだか話題になっているSDGsで儲けてやろう」という野心の強い方にも、ぜひ本書を読んでいただきたいと思っています。

はっきり言って、偽物のSDGsではすぐに見透かされ、儲けられません。どれだけうまくやっても一過性の成功に終わるでしょう。

見方を変えれば、仮にモチベーションの大部分が「金儲け」だとしても、SDGsで「継続

的な金儲け」に成功すれば、セットで社会貢献もできてしまうのです。

これこそが、ＳＤＧｓの最大の魅力だと思います。

いま、「地球のためになることをしたい」と思う人が、確実に増えています。

新型コロナウイルスの起源は野生動物ではないかと考えられていますが、これは発生源の中国だけを非難して済むような話ではありません。人間が快適に生きようとすれば、自然への侵犯はどこででも起こり得ます。日本人も山を切り開き、海を埋め立てることで利便性を享受してきました。食べ物が採れなくなって人里に降りてくるクマやイノシシのニュースが増えていますが、目立たないところで同じように苦しむ他の動植物もたくさんいるはずです。

また、近年の風水害の頻発などを目の当たりにして、「何かしらの社会貢献をしたい」という気持ちがまったく起こらない方など、ほとんどいないと思います。しかし、だからと言って、仕事を辞めて社会貢献活動に打ち込める人も同様にほとんどいないでしょうし、住宅地を草地や山地に戻すのも無理があります。

ＳＤＧｓは、そんなジレンマを抱える現代人にも簡単に参画できる社会貢献活動です。儲けにつながるのも、そんな思いを持ちながら日々を過ごす多くの方々の心に訴えるものがあるからです。自ら取り組むことも大切ですが、**ＳＤＧｓに取り組む企業や組織を応援し、お**

金を落とすのも立派な社会貢献なのです。

自分への感染予防効果は少なくとも、不織布マスクや布マスクをすれば、感染拡大防止に寄与します。マスクをするだけでコロナ禍の社会においては役立てるように、SDGsに取り組むことで、これまでの生活を維持し、文明を享受しながらも社会貢献ができます。

一人で地球を守る変身ヒーローにはなれなくても、普通の姿で社会に貢献する小さなヒーローに誰もがなれる。

こうして言葉にすると、少し気恥ずかしい感じもありますが、だからこそSDGsは注目されているのだと思います。

読者のみなさんが、地球を守るヒーロー・ヒロインの一員に加わり、儲けと貢献の両取りを果たすようになることを願いつつ書き進めていきます。最後までお読みいただければ幸いです。

C O N T E N T S

第1章

取り組むのはいま！その具体的メリット

第2章

「マーケティング」の視点で読み解くSDGsのキモ

CONTENTS

第3章

「人を集める」ための実践ノウハウ

第4章

「危機を乗り越える」ための実践ノウハウ

第5章

どんな会社・組織でもできる、SDGs「超」活用事例

CONTENTS

第6章

持続可能な組織へ

序　章

SDGsはこれだけ「儲かる」「人が集まる」

1

コロナ禍で売れない野菜を仕入れて販売、三方よしの「フードロス0コーナー」

この序章では、細かい理念的な話をする前に、**ＳＤＧｓが「とっつきにくい高尚なもの」ではなく、「シンプルに儲かり、集客できる施策」**であることを事例からお伝えしていきます。

東京下町のスーパーマーケット「ココスナカムラ」の取り組み

まずご紹介するのは、東京都内に８つの店舗を構えるスーパーマーケット・ココスナカムラの取り組みです。

新型コロナウイルスによる緊急事態宣言で、多くの飲食店が営業自粛したために、青果物の取り扱い規模日本一を誇る東京都の大田市場では、飲食店向けの野菜が大量に売れ残りました。

ココスナカムラは、そんな野菜を引き受けて「フードロス０対策コーナー」で販売する取り組みを行いました。普段は入荷しないプロが使う食材を安く売ってお客様に喜ばれ、野菜を廃棄せずに済んだ農家や市場関係者にも喜ばれています〈図表1〉。

さらに同社自身も、2020年4月の野菜売上が前年比119・5％と、このコーナーを成功させ、三方よしを実現しています。

緊急事態宣言による巣ごもり需要があったため、スーパーマーケット全般でも食品の売上は伸びていますが、日本チェーンストア協会加盟店の同月の農産品売上高は既存店ベースで前年より15・4％増、日本スーパーマーケット協会加盟店の青果売上高は既存店ベースで前年より15・8％増となっています。ココスナカムラは、食品廃棄を減らすための新しいチャレンジに取り組みながら、これらの数字を上回っていることがわかります。

図表1　ココスナカムラの取り組み

創業以来の価値観がコロナの時代にも活きる

廃棄されてしまう野菜を引き取っての販売には、リスクもあります。飲食店の使う野菜は、一般家庭ではあまり使わないものが数多くあります。たとえばロシア料理のボルシチに使うビーツや、「ツマモノ」と呼ばれる飾り用の野菜です。これらの野菜は普段は販売していないだけに、売れ残って値引きや廃棄となる恐れもあります。

また、新しい売り場をつくるには、その分、既存の売り場を縮小する必要があります。そして、先ほどのデータを見ればわかるように、**既存の売り場も十二分にニーズと売上増が見込める状況下で、ココスナカムラはあえて「フードロス0対策コーナー」を設けているのです。**

さらに現場の問題だけでなく、予定にない売り場の新設によって、そのための物流の手配も発生します。たとえ仕入れ値が低くとも、フードロス0コーナーに取り組むことは、ノーリスクというわけではありません。

この成功の背景には、「フードロス0対策コーナー」そのものを魅力ある売り場にする現場の力に加えて、同社とお客様との間に信頼関係が確立されている点があると私は考えます。

1958年に創業し、1978年にスーパーマーケットの1号店をオープンしたココスナカムラは、地域の安心・安全への貢献に取り組むことを社是としてきました。つまり、コロナ禍の前から、フードロス問題のようなＳＤＧｓ的価値観と親和性が高い企業だったのです。
例を挙げるなら、同社には献血に参加する習慣があり、２０１９年は約２００名が参加しているのですが、従業員のみならず、関係先からも参加者が出ています。創業者の中村徳三氏は、お店に納品に来る飲料メーカーの方にも献血のお願いをしていたそうです。その伝統が、今日まで続いています。

また、従業員も社会の構成員であり、持続可能な社会の成立には、お客様のみならず、従業員満足度も大切な要素となります。新型コロナウイルスが流行する中で、アメリカのスーパーマーケット「クローガー」が従業員に支給した〝ヒーローボーナス〟が話題になりましたが、ココスナカムラも従業員に臨時手当を支給しています（この手当は新型コロナウイルスの最前線でレジや売り場づくりなどで頑張ってくれたスタッフへの感謝の気持ちなので、同社はメディアでは公表してきませんでした）。

そんなスーパーマーケットの取り組みだからこそ、お客様も珍しい食材への興味だけではなく、「フードロス問題に貢献したい」という思いを喚起され、売上増という結果につながったと考えます。

2

「地域の印刷会社」が他社もうらやむブランディングをできる理由

続いてご紹介するのは、神奈川県に本社・工場を持つ株式会社大川印刷の取り組みです。この序章でご紹介するのは、基本的に私がコンサルタントとして関わらせていただいている事例ばかりなのですが、同社は例外です。

私自身のこれまでの仕事がＳＤＧｓと親和性の高いものであったことに気づいて以降、自分でもＳＤＧｓについて深く勉強するようになりました。その途上で、大川印刷の取り組みを知り、セミナーや講演でもたびたびご紹介している次第です。

ＳＤＧｓアワードパートナーシップを受賞した印刷会社

１８８１年（明治14年）に横浜で創業した大川印刷は、横浜名物・崎陽軒《きようけん》のシウマイやシウマイ弁当の掛紙も手掛ける老舗印刷会社です。

２００５年、６代目となる大川哲郎氏が社長に就任した際に、印刷を通じて社会的課題を解決する「ソーシャルプリンティングカンパニー」というビジョンを打ち出しました。

そのポイントは、**「環境負荷低減」**です。

印刷やその関連事業によって排出される年間の二酸化炭素排出量を算定し、太陽光発電事業への投資など、その排出量を打ち消す活動を行う「ゼロカーボンプリント」に取り組み、石油系有機溶剤0％の「ノンVOCインキ」を積極的に使用（2018年度は全体の94％でノンVOCインキを使用、残り6％も石油系有機溶剤30％未満のインキを使用）。印刷に用いる紙も、エコ用紙の使用を積極的にクライアントに提案しているそうです。

また、納品においても環境負荷低減を徹底するため、廃棄物が出ないように、段ボールケースではなく、繰り返し使えるプラスチックコンテナを用い、配送は電気自動車やディーゼル車を使用します。クライアントが了承した納品物は、梱包も簡易なものにする徹底ぶりです。

このような取り組みが評価され、2018年には「第2回ジャパンSDGsアワード」の「SDGsパートナーシップ賞（特別賞）」を受賞しています。

1年で上場企業や官庁、大使館など約50件の新規顧客を獲得

ソーシャルプリンティングカンパニーとしての取り組みだけでも、十二分に素晴らしい大川

印刷の事例ですが、何より特筆すべきポイントは、ＳＤＧｓに力を入れることで、経営的にも大成功を収めている点です。２０１８年には、上場企業や外資系企業、官庁、大使館など約50もの新規顧客を獲得しています。全国的に有名な崎陽軒のような企業を取引先に持つ老舗とはいえ、これだけ幅広い顧客から指名を受けるのは、ＳＤＧｓあってのものと考えられます。

ＳＤＧｓ経営の大きな利点は、このような大企業・組織からの引き合いを受けやすいということです。

「はじめに」でも少し触れたように、大企業はＣＳＲ活動に日常的に取り組んでいます。その社会的責任の大きさから、地球環境や社会問題に対する目配せをしないわけにはいきません。

そのため、お金や影響力を持っている企業・組織ほど、ＳＤＧｓに関心を持つ傾向がありま す。結果として、ＳＤＧｓに取り組むことで、普通なら考えられないような、大企業とＳＤＧｓに取り組む中小企業とのコラボレーションが生まれているのです。

目指すはニッチトップ

ＳＤＧｓに取り組むなら、早ければ早いほどよいと私は考えています。

政府もＳＤＧｓを推進したいと考えていますから、さまざまなシンポジウムやセミナーなどで、ＳＤＧｓ経営で成功する企業の事例を積極的に発信しています。今後、私が大川印刷の事例を知ったように、多くの経営者やビジネスパーソンにＳＤＧｓ経営の知見が共有されていき、自社でも取り組みたいと考える方々も確実に増えていくでしょう。

そうやって、同じような取り組みをする企業が増えていくと、ＳＤＧｓに取り組むだけでは目立てなくなってしまうかもしれません。

現時点でのＳＤＧｓ経営の強みは、「向こうから顧客が来てくれる」ブランディングとしても機能しているという点です。持続可能な社会を実現したい企業が、取引先についてもその基準を求める中で、優れた取り組みを行っている企業を見つけてコンタクトを取ってくる――という「プル型営業」を実現できているのです。

しかし、同じような取り組みをする同業が多くなれば、単なるＳＤＧｓの質だけでなく、資金力や規模などを活かして、その取り組みの発信のやり方など、宣伝・広告の質も問われるようになってしまうかもしれません。

もちろん発信も大切なのですが、ＳＤＧｓの本質からは離れてしまいます。社会貢献の観点からも、そこに注ぐリソースがあるならＳＤＧｓに力を入れるのが理想です。

そこで意識したいのが、**「ニッチトップ」を目指すこと**です。

「日本一」が難しければ「都道府県一」「○○地区一」を狙う

つまり、同じSDGsでも、その取り組みの「具体的な方向性を分ける」ということ。SDGsには17の目標がありますが、たとえば大川印刷と同じ印刷会社なら、同社とは別の目標でできることを探す。また、「17の目標」で被りが生じるようなら、これらの目標がさらに細分化された「169のターゲット」の中から考える——という具合です。

発想の転換も重要です。印刷業のように、成果物が物理的なものの場合、納品にも環境負荷がかかります。これは大川印刷も十二分に意識している点ですが、どれだけ力を入れても、たとえばクライアントのオフィスが北海道の場合、神奈川県の同社から発送するよりも、同じ北海道の印刷会社から納品すれば、ガソリンの消費量や温室効果ガスの排出量は少なくなります。

つまり〝取り組み〟のみならず〝エリア〟という発想でも、ニッチトップは狙えるのです。「日本一環境に優しい印刷会社」というニッチトップになれなくても、「北海道一環境に優しい印刷会社」にはなれるかもしれない。あるいは北海道一が難しくても、道東一ならなれるかもしれない。

そんな考え方が、SDGs経営における大きなポイントになります。

3

世界的ホテルが認めた茶園、砂漠の緑化技術を取り入れた栽培法に挑む

次なる事例は、京都府宇治市で抹茶の原料となる碾茶《てんちゃ》の栽培製造と、ハイブリッドな茶農業に挑戦する茶農家・茶園清水屋の取り組みです。

江戸時代から続く栽培方法に立ちはだかる気候変動

「はじめに」でも触れた茶園清水屋は、宇治市に住まう清水家の方々が経営する茶農家です。その歴史は長く、『宇治誌』（臨川書店）という宇治の歴史をまとめた書籍に、飛鳥時代からその名が見られますが、平安時代より京都宇治に住まい、代々続いてきたそうです。

戦国時代に他の土地に移ることを余儀なくされますが、その後、池田輝政（織田信長の重臣・池田恒興の次男）に仕え、池田麾下《きか》になってから2代目、江戸時代前期の元禄年間に再び宇治へと移居し、茶の栽培・製茶業を始めました。つまり、清水家の歴史だけなら、記録に見られる範囲で1300年以上、茶農家としても300年以上の歴史を持っているわけです。

300年間のノウハウを蓄積した磚茶の質は非常に良かったものの、そこに立ちはだかったのが、近年とみに目立つ気候変動の影響でした。

ある年、大変な大雨が降ったときがありました。その翌年にはお茶の木が枯れるほどの日照りが続きました。その結果、日照りと高温度による葉焼け対策にかかる水道料金は月60万円に達してしまいます。金銭的にも、環境負荷的にも大変な負担です。

水資源と陸の豊かさを守る茶農業を模索

できるだけ先祖代々の栽培方法を維持したい。しかし、このような日照りが定期的に発生するようでは経営が成り立たない……。

そんな状況で模索を続けた清水家は、砂漠の緑化などに使われる「点滴チューブ」の導入に至りました。点滴チューブによる注水はコンピューターで管理できます。無駄な水の消費を抑えるだけでなく、天気予報に合わせて注水量を細かくコントロールできるようになりました。

その結果として、**水道代を抑制するだけではなく、品質の安定にもつながった**のです。

以降も、工夫を重ね、伝統農法と最新技術を融合させる「ハイブリッド茶農家」を標榜し、その高い磚茶の品質で評価を受けています。

有機JAS認証の「シングルオリジン（単一産地）」の抹茶

このような取り組みが評価され、茶園清水屋は2016年5月に、宇治市の碾茶農家として初となる、「有機JASマーク」の認証を受けています。このマークは、農薬や化学肥料などの化学物質に頼らず、自然界の力で生産された食品であることを示すものです。

さらに、「SDGs 茶農家宣言」を行い、「For a Child, For a Future」というテーマを掲げ、SDGs経営を積極的に推進しています。

コンサルティングを通して茶園清水屋について知っていく中で、最も驚かされたのが「シングルオリジン抹茶」への強いこだわりでした。

詳しい方には釈迦に説法ですが、日本茶はブレンドするのが一般的で、高い力量を持つ茶匠《ちゃしょう》が、毎年出来が異なる茶葉をブレンドによって同じ仕上がりにする「合組《ごうぐみ》」が日本茶の美味しさであり、シングルオリジンのお茶は製品としての評価はそれまで十分ではありませんでした。

そうした中、清水家のみなさんは当初より、シングルオリジン抹茶の販売への取り組みを行っていました。そして今後、さらにシングルオリジン抹茶のブランディングを行い、ブランド力を磨き上げるという方針を確認しました。

超高級ホテルも注目

それに加えて、茶園清水屋では最高級ランクの抹茶の原料となる碾茶を、年に1度、手摘みにて収穫していました。

これだけの長い歴史と強いこだわり、高い品質に加えて地球環境への配慮もある。語弊を恐れず言ってしまえば、それを知ってもらえれば、必ず売上と利益はアップするという自信がありました。

ただ、そんな私も驚いたのが、ある超高級ホテルに、茶園清水屋の抹茶が採用されるという話が出たことです。名前を出すことはできませんが、最低でも1人1泊15万円、スイートクラスなら50万円以上が当たり前のホテルです。

このクラスのホテルですと、仕入れ値以上に、商品の品質そのものが重視されます。

そして、**ここで言う「品質」には、味や、シングルオリジンという特徴だけでなく、地球環境への配慮も含まれます**。

なぜなら、地球環境をないがしろにしている、あるいは本当はそうではなくとも、そう受け取られかねないメッセージを発してしまうと、ラグジュアリーブランドほど大きなダメージを受けるからです。

ラグジュアリーブランドの愛好者が、商品やサービスに高額な対価を納得して支払えるのは、ブランドそのものに対する信頼があるからです。どれだけ品質が高かろうが、その過程に、過剰な環境への負荷や、人権を侵害する搾取が含まれている場合、消費者は原材料以上の対価を支払う気にはなれません。

また、だからこそ、家族で営むような小規模の茶農家のお茶が、超高級ホテルの御眼鏡に適《かな》うのです。

ＳＤＧｓ経営の面白さは、持続可能な社会への意識・配慮をしっかりと示すことができれば、これまでのビジネスではなかなか見られないような、「一足飛びの大きな動き」が見られることです。

茶園清水屋にしても、実績をこつこつと積み重ねれば、いずれは富裕層や超高級ホテルの目にも留まるだけのポテンシャルはもともと秘めていたと思います。

ただ、気候変動が叫ばれ、これまで以上に企業や組織の環境に対する配慮が注目されるいま、その「こつこつ」の途中で、大きなクライアントが向こうから来てくれる事例が生まれているのです。このチャンスを逃さない手はありません。

4

なぜ「新規就農わずか5年目の農家」が儲かっているのか

続いてご紹介するのは、京都府福知山市でトマトや米などの生産を手がける小林ふぁ〜むの取り組みです。

妻の小林加奈子さんが畑を、夫の伸輔さんが田んぼと商談を担当し、ご夫婦で農業を営む小林ふぁ〜む。そんな小林ふぁ〜むの看板は、無農薬・無化学肥料で育てた完熟の実を収穫する「かなこ農法」でつくられたトマトです。

美味しいのに「価格が高すぎる」と言われた「とまとのじゅ〜す」

もともと、祖母が福知山市六十内《むそち》でつくっていたトマトの味が大好きで、いつか農業にチャレンジしたいと考えていた加奈子さんは、北海道大学の農学部を卒業していました。そんな加奈子さんが、伸輔さんの理解を得て福知山に「孫ターン」して就農したのが小林ふぁ〜むです。

そして、そのトマトを使った「とまとのじゅ〜す」は、小林ふぁ〜むの主力商品となり、京都市内のデパートでも販売されています。

かなこ農法のトマトは、完熟した状態で収穫し、もぎたてをすぐに出荷するのがポイントです。しかし、夏になるとビニールハウス内は大変な暑さになるので、トマトに負担がかかり、見た目が悪くなるものがどうしても出てしまいます。また、大雨に降られると、水分を急激に吸い込んだ実がひび割れてしまうこともあります。

そうしたトマトは、傷みが早くなるため出荷できません。しかし、見た目が綺麗なトマトと味は変わらないことから、ジュースづくりに着手しました。

そんな「とまとのじゅ〜す」、いまでは大人気なのですが、私がお二人と知り合った当時は、地元で「高い」と言われていた商品でした。

ただ、当時は180㎖で400円だったジュースを飲ませていただき、私は「絶対に売れる」と確信しました。加奈子さんは「売れると言ってくれた！」と驚き、私に理由を尋ねたのですが、これまでのトマトジュースとは次元の違うその味に、販路を広げれば確実に売れる自信がありました。

政府が地方創生の看板を本格的に掲げたのは2014年のことですが、私はなぜか不思議なご縁で、21世紀に入って以降、日本各地でセミナーや講演に登壇したり、その地でクライアントとお仕事をさせていただいたりする機会に恵まれていました。

その経験から、**本当にいいものは、全国規模で見ると「値段を気にせず買う層」が少なからずいる**ことをひしひしと感じており、むしろ外に出す分には、400円では安すぎるとすら思っていました。いまでは、180㎖のジュースは税込み864円で販売されています。

トマトジュースの瓶の中にSDGsの思想が詰まっている

かつて400円でも「高い」と言われたジュースが2倍の値段で売れるのは、全国に「それでも高くない」と感じて応援してくださるファンの方々がいるからです。

その支持は、当然ながら高い品質あってのものです。かなこ農法は、大変だと言われる無農薬栽培にさらに輪をかけて手間がかかるもので、独自の工夫がたくさん込められています。その手間や加奈子さんのアイデアがトマトの品質を支えています。

ただし、農業の現実は、無農薬・減農薬の作物だからといって、無条件に売れるものではありません。第1次産業である農林漁業者が、生産だけでなく、第2次産業である加工と第3次産業である流通・販売まで一体化して行うことを、1×2×3の意味で「6次産業化」と呼びます。野菜だけでなく、その加工品である6次産業化製品も含めたすべてのものが、無農薬・減農薬栽培で増えた手間を反映した高単価で売れ、収入を保証してくれるわけではないのです

（また、新たな栽培方法に挑戦して、想定した収穫が得られるかも確実ではない）。

このジレンマを解決する助けになるのが、ほかでもないＳＤＧｓです。

「ＳＤＧｓなら絶対に高く売れる」とは言いません。まずもって根本的な品質が大切です。小林ふぁ〜むのトマトの美味しさは、かなこ農法あってのもので、農薬不使用＝美味しい作物と考えるのも短絡的です。

しかし、**高品質で、なおかつ身近な範囲だけでなく外に知ってもらう施策もできているのに売れない商品があるなら、そこに不足している「最後のピース」がＳＤＧｓかもしれません。**

なぜかと言うと、近年、「お金を使う相手」を非常に重視する消費者が増えているからです。

前述のように、高品質の商品にお金を惜しまない層は、昔から一定数います。そうした考えを持つ方々の多くが、品質の奥にある「企業の取り組み」そのものに注目しているのです。

企業のトップなどによる不適切な発言から、不買運動などの抗議が起こるのもその流れです。「経営者の考えが前時代的」「商品の製造過程で人権侵害や環境破壊が起きている」――そんな企業の商品なら、どれだけ高品質でも買いたくないと感じる人がどんどん増えています。

そして、実はこのような流れ自体も、ＳＤＧｓの目線で分析できる行動です。

お金を使う購買活動は、選挙の投票のように「未来を選ぶ行動」でもあります。

この理屈自体は昔から変わっていませんが、未来に対する危機意識の高まりや、政治への信頼の低下などと足並みを揃えるように、「この商品やサービスにお金を落とすと、より良い未来が期待できるかもしれない」と思える企業を応援しようと考える人々が増えています。

そして、**そんな人たちは、地球や人間に優しい商品やサービスなら、少々値が張っても買って応援したいと考えます。**

だから、SDGs経営から生まれる高品質の商品は、高くてもきちんと売れるのです。

そもそも、180㎖のトマトジュースが800円超という値づけは、消費者の動向にアンテナを張りまくり、こうした意識の変化をキャッチしているデパートのバイヤーからの提案によるものです。とまとのじゅ〜すが注目され始めた時期に、このバイヤーの方から「ご自身で売る分以外は全部買いたい。そのために値上げしていただいてもかまわない」と相談され、小林夫妻が突然のことに驚いていると、先方から「800円でどうですか？」と提案されたのです。

高品質・高価格の商品はニッチ戦略向き

小林ふぁ〜むの無農薬で地球に優しい栽培方法をベースにした戦略は、まさにニッチトップと呼ぶにふさわしいものです。

どれだけ高品質の商品でも、さらにバックボーンにSDGs的取り組みがあっても、コモディティ市場（日用品化して差別化が図れなくなり、全体的に値引き競争に陥っている状態の市場）において高価格でも安定して売れ続けるのは非常に難しいこと。逆に言えば、高価格で売りたい商品やサービスがある場合は、ニッチトップを目指すべきなのです。

もともと加奈子さんは、トマトジュースが大の苦手。生のトマトやトマト料理は大好きなのに、ジュースは飲めないので、「なぜ美味しいトマトがこうなってしまうのか……」と思い、自分たちのトマトをジュースにするつもりはありませんでした。

しかし、味は美味しいのに、見た目がひび割れるなどして、販売できないトマトがもったいないと考え、トマトジュースを試しにつくってみたら、ちゃんと美味しく飲めるジュースができました。とまとのじゅ〜すは、小林ふぁ〜むのトマトをただ絞っただけ。食塩も砂糖も水も一切加えていません。それまでのトマトジュースは味を整えるため、さまざまなものを足してきたことを考えると、これも非常にニッチ戦略的なエピソードです。

また、私がとまとのじゅ〜すを飲ませていただき、高くないどころか、売れると確信したのも、ニッチトップの視点からでした。

大前提として、小林ふぁ〜むのトマトジュースの質は非常に高いものです。とはいえ、高品質・高価格のトマトを使用したジュースはほかにもあります。ただ、それらのトマトジュースは「果物みたい」といった感想が出るタイプの、非常に甘いジュースが多いと小林夫妻は分析していました。

一方、加奈子さんは、まったく甘くないのは好ましくないが、ちゃんと酸味がある「甘くて酸っぱいトマト」を目指しています。そのトマトを使ったジュースは、私が飲んだ経験のない爽やかな味でした。トマトの匂いが苦手な人でもゴクゴク飲める味だと思います。

つまり、「高品質・高価格のトマトジュース」という市場的観点のみならず。味のマトリックスでもブルーオーシャンに位置するニッチなジュースであったのです。

さらに、小林ふぁ〜むのトマトをジュースにして瓶詰めしているのは、京都府与謝野町の「リフレかやの里」という施設です。このリフレかやの里は、障害のある方々が、働きながら一般就労に向けた訓練をしている施設です。ここにもＳＤＧｓの思いが込められています。

美味しい作物と豊かさを広げるかなこ農法のフランチャイズ

ここで終わりでも話としては十分に凄いのですが、ここで立ち止まらないのが小林夫妻の凄さです。２０１８年の夏、新しい農業の仕組みを考えに考え抜いて生まれたのが、かなこ農法の農業フランチャイズでした。

加奈子さんが肥料やミネラルや苗を用意し、生産指導も手厚く行う。できたトマトは小林ふぁ～むで必ず買い取る。農業に興味がある方や、通年働くのが難しい（トマトの生産・収穫作業は5～8月）方が、初期投資をほとんどせずに参加でき、ちゃんと収入が得られる。

小林ふぁ～むとしても、生産量が増やせる上に、仮に自分たちのハウスに問題が起こっても、よほど広範囲の天災などでなければ、フランチャイズに加わったほかの地域のハウスでトマトが収穫できる可能性が高い。売上アップとリスクヘッジを兼ね、フランチャイズ農家も利益を上げられる、文字通りウィンウィンの施策と言えるのです。

現在、かなこ農法の農業フランチャイズは、京都府北部の丹波地域と丹後地域に広まっています。この農業フランチャイズをSDGs的な視点で見ると、地球の持続可能性を高めるかなこ農法というSDGs的な取り組みが、福知山市内の小林ふぁ～むの畑から、より広い京都府北部地域へと広がっていると考えられます。

SDGsは〝地球〟と〝人間〟を守る

社会貢献と言うと、どうしても環境問題が頭に浮かびがちで、「自分にはできない／大したことはできない」と考える方も多いのですが、それだけがSDGsではありません。

詳しくは本書の冒頭に載せた画像や第2章1項の説明をご参照いただきたいのですが、SD

Gsの17の目標を見ると、直接的な環境問題に対する貢献よりも、むしろ「1 貧困をなくそう」「4 質の高い教育をみんなに」「9 産業と技術革新の基盤をつくろう」といった人間の社会問題がテーマになっているものが多いことがわかります。

つまり、平均給与が低い業種の企業が、その水準を上回る給与を自社の従業員に支払えば、「1 貧困をなくそう」や「8 働きがいも経済成長も」への貢献と言えるのです(持続可能性がポイントなので、給料を上げた結果として赤字になるのであればSDGsとは言えません)。

この理由はシンプルで、貧困がなくなり、人々の生活が豊かになることで、結果的に地球環境にも良い影響があるからです。

もちろん、これまで人間は経済成長を追い求めるあまり、環境を破壊してしまうこともありました。日本もかつては大変な公害がありました。しかし現在は、問題がゼロではないにせよ、明らかに減っています。それは、日本がある程度、豊かになり、社会が成熟したからです。

海外のスラム地区にゴミがうず高く積み上がることはあっても、平均収入が高い地域でそのようになるのは、滅多なことでは考えられません。基本的には、収入が増えて生活が安定すればするほど、環境負荷を減らす選択肢を選びやすくなります。もちろん技術の進歩も理由の1つに挙げられますが、そのような進歩も豊かさあってのものです。

SDGsの重要ポイント「連鎖」

小林ふぁ〜むのフランチャイズ事業は、フランチャイズ農家さんが、農薬不使用のかなこ農法を取り入れることで「15 陸の豊かさも守ろう」に貢献できます。また、きちんと美味しいトマトが収穫できれば「2 飢餓をゼロに」にもプラスになります。

ただ、このフランチャイズ事業の真価は、むしろ人間社会の問題に対する目標にこそ、あるように感じます。一般的な栽培法による作物を、数多くの中間流通を経て消費者に届く従来の流通ルートに買い取ってもらうよりも、単価の高いかなこ農法のトマトを買い取ってもらうことで収入を増やす農家さんが増えれば、「1 貧困をなくそう」や「8 働きがいも経済成長も」に貢献することになります。

そして、これは本編で詳しく述べますが、**SDGsの超重要ポイントは「連鎖」**です。

言ってしまえば、世界的な大企業のトップでもなければ、地球や社会に一人で与えられる影響は小さいものです。しかし、こんなふうに1→4→1という連鎖・循環、1→10という連鎖が重なっていけば、個人の発信が大きな活動となって社会を変えることもあるように、小さなきっかけが大きく社会を変えるかもしれません。

正直、「持続可能な社会なんてつくれるの？」と思われる方もいるかもしれません。

でも、いち個人、いち企業にできることは、本当に小さいことで十分なのです。少しでも、ＳＤＧｓに貢献して、それを持続させる。

もしかしたら「自分にできることはたかが知れている」と思い悩む人もいるかもしれません。しかし、同じように「地球や人のためになることがしたい」と考え、行動する人が増えれば、次第に連鎖を生む確率が上がり、必ずどこかで大きなうねりが起こるはずです。

地球をはじめとした宇宙の星の成り立ちは、最初は何もない宇宙空間に漂っていた目に見えないような微細なチリやホコリやガスが集まるところから始まっています。

チリやホコリやガスは、集まることで少しずつより強い引力を獲得し、さらに周りのチリやホコリやガスを集めていきます。この繰り返し・連鎖により、より大きくて重いものも引き寄せ、巨大な星へと形を変えていきます。

こうやって生まれた地球だからこそ、地球の持続可能性を高める取り組みも、最初は目にも見えないような小さな取り組みから始まるのは自然なことなのです。

5

農福連携に取り組む事業所に届いた、SDGs国際会議への招待状

本章の最後に紹介するのは、「はじめに」でも触れた「さんさん山城」の取り組みです。京都府京田辺市にある障害者就労支援事業所「さんさん山城」は、農福連携に力を入れています。「農福連携」とは、農業と福祉の連携を意味します。

農福連携に取り組む京田辺市の障害者就労支援事業所

農福連携とは、障害者等の農業分野での活躍を通じて、自信や生きがいを創出し、社会参画を促す取組であり、農林水産省では、厚生労働省と連携して、「農業・農村における課題」、「福祉（障害者等）における課題」、双方の課題解決と利益（メリット）があるWin-Winの取組である農福連携を推進。

農林水産省は、農福連携をこのように定義し、引用文にあるように推進しようとしています。

農林水産省は、図表2の上段に示すような、日本の農業が抱える課題もかねて認識しており、解決への取り組みを行ってきました。

特に、先ほども少し触れた「6次産業化」によって、農業・漁業従事者の利益率を高め、体質を強化することに力を入れてきましたが、なかなか結果が出ませんでした。

その理由は多々ありますが、大きなものとして、自前で加工などを行う設備投資が可能な事業者が少なかったことが挙げられます。

お金がないので6次産業化ができない。6次産業化ができないからお金が増えない――。鶏が先なのか、卵が先なのか、非常に難しい状況です。

ただ、手をこまねいていると、農業就業人口

図表2　従来の問題を解決する「農福連携」

農業・農村の課題

- **農業労働力の確保**
⇒毎年、新規就農者の2倍の農業従事者が減少
- **荒廃農地の解消等**
⇒佐賀県と同程度の面積が荒廃農地となっている

福祉（障害者等）の課題

- **障害者等の就労先の確保**
⇒障害者約964万人のうち雇用施策対象となるのは約377万人、うち雇用（就労）しているのは約94万人
- **工賃の引き上げ等**

障害者等が持てる能力を発揮し、それぞれの特性を活かした農業生産活動に参画

農業・農村のメリット

- 農業労働力の確保
- 農地の維持・拡大
- 荒廃農地の防止
- 地域コミュニティの維持等

福祉（障害者等）のメリット

- 障害者等の雇用の場の確保
- 賃金（工賃）向上
- 生きがい、リハビリ
- 一般就労のための訓練等

出典：農林水産省資料

の減少と高齢化が進むのみであることは明確です。

そこで、数年前から、第1次産業としての農業の根本的な問題である「人手不足」の解消が先決と考え、障害者雇用の義務化などに取り組みつつも、同じく課題解決の決定打を放つには至っていない厚生労働省と協力し、農福連携の推進に力を入れるようになっています。

「ノウフクJAS」第1号の認証事業者に

読者のみなさんはすでにお気づきかと思いますが、この農福連携も、SDGs的な取り組みです。

就業を望みながらもその機会が得られない障害者の雇用が増えれば、ご本人の人生が大きく変わります。その方が住む地域の消費も増え、正の連鎖が起こる可能性が高まります。

農業従事者も、「人を増やせば儲かる」ほど単純な仕事でもなければ、障害者の方と適切なコミュニケーションを取り、仕事を割り振るマネジメントは簡単ではありませんが、人手不足という問題が大きくのしかかり、解消の兆しもない状態で、労働に意欲のある方を新たに迎え入れるチャンネルができること自体は、間違いなくプラスになるはずです。

2019年3月、農林水産省は、障害者が主体的に携わり生産された農林水産物と、それらを原材料としてつくられた加工食品について、生産方法と表示の基準を規格化した「ノウフクＪＡＳ」を制定しました。

ＳＤＧｓや障害者の雇用促進を応援したい方は、「ノウフク」ロゴがついたＪＡＳマークの商品を購入すればよいわけです。同年11月には、さんさん山城を含む４事業者が、第１号のノウフクＪＡＳ認定を受けています。

また、さんさん山城は、同じく２０１９年には、農林水産省が「強い農林水産業」と「美しく活力のある農山漁村」を実現するべく、地域の活性化と所得向上に取り組む優良事例を選定し、全国に発信する「ディスカバー農山漁村《むら》の宝」にも選ばれています。

年間1万人が来店するコミュニティカフェ

主に聴覚障害者を対象とした就労継続支援Ｂ型事業所として、２０１１年に開所したさんさん山城は、農福連携に積極的に取り組み続け、現在は自分たちの茶園で収穫した高級宇治抹茶を使用した「濃茶大福」や「抹茶クッキー」などの商品もつくっており、６次産業に事業領域を広げています。

そして、これらオリジナル商品の旗艦店としても機能しているのが、「さんさん山城コミュニティカフェ」です。2017年に約5000人だった年間来店者数は、2018年に約8300人、2019年には約1万人と右肩上がりに増えてきました。

「ディスカバー農山漁村の宝」への選出も「コミュニティ」部門で、農福連携の取り組みに加え、コミュニティカフェで人のにぎわい、交流を生んだ点が大きく評価されています。

さんさん山城のコミュニティカフェは、まずもって、ちゃんと美味しい食事が食べられて、日替わりランチはワンコイン500円と、お財布にも優しい価格設定になっています。

ただし、成功の理由はそれだけではありません。

飲食店の中でも、カフェ・喫茶店は特にレッドオーシャンの業態です。

「将来、自分でも店を持ちたい」と考えるカフェ好きが多く、ただでさえライバルがたくさんいる上に、コーヒー1杯で読書や仕事をしながら長居できるので客単価は低い。かといって、そのために回転率を上げようとすると「居心地のよくない店」になってしまいかねない――。

こんなジレンマがあるため、カフェ・喫茶店は非常に難しい業態なのです。成功するには、美味しくて、価格に納得感があるのは当たり前。その上で、他店と差別化できるストロングポイントが求められます。

ここでポイントになるのが、「そのストロングポイントは飲食とは限らない」という点です。マスターの人柄、看板猫、選曲センスで知られるジャズ喫茶——といった形でも差別化は実現できます。

そして、ＳＤＧｓも立派なストロングポイントの１つなのです。

カフェや喫茶店が大好きで、なおかつ自分たちのお金を、できる限り社会を良くするために使いたいと思う人はたくさんいます。そんな方々がいま、さんさん山城のコミュニティカフェに足を運んでくださっているのだと考えられます。

また、さんさん山城のＳＤＧｓは、障害者雇用促進だけではありません。さんさん山城はもともと廃園予定だった茶園を継承して始まった事業所で、農業の取り組みもＳＤＧｓ的です。

コミュニティカフェで使用する、さんさん山城産以外の食材も「地産地消」にこだわり、山城産食材を楽しめる飲食店と京都府が認める「京やましろ食～京やましろ産食材提供店～」の認定を受けています。

SDGsの国際会議からの招待状

「はじめに」で触れたように、私がSDGsをきちんと意識したのはつい最近の話で、そのきっかけがさんさん山城でした。

コミュニティカフェの人気の理由を、先ほど述べたような形で分析しつつも、さんさん山城に関わるようになったばかりの頃の私は、そこに明確な言葉を添えることができていませんでした。

そこに届いたのが、2019年に韓国・済州島で開催された、持続可能な開発 済州国際カンファレンス（以下「SDGsカンファレンス」）からの招待状です。

そこで私は「SDGsか……！」と、探していたパズルのピースがはまったと感じました。

さんさん山城の取り組みが支持を集める理由もひと言で説明できる。そして、SDGsという言葉に触れ、その他の事例を調べることで、**私自身が重視してきた「儲けと社会貢献の両立」が、SDGs経営とほぼイコールであること**にも気づきました。

ただし、SDGsに取り組む企業を調べてみると、ひと昔前と明らかに異なっている点がありました。

20年前から私が意識的に取り組んできた儲けと社会貢献の両立は、「ただ儲けるだけでいいのかな？」という、〝疑問〟のようなものがベースに含まれていました。儲けるだけなら誰でもできる。その上で社会や地域に貢献してこそ——という、自意識強めの前のめり気味な挑戦であったのです。

しかし、現在のＳＤＧｓは、そんな気合は不要です。

この序章で取り上げた各企業・事業所だけでなく、その他の事例を見ても、私はシンプルに「ＳＤＧｓは儲かる」と確信しています。**儲かるんだから、やればいいに決まっている。その上、社会貢献にもなるなんて最高じゃないか、**と感じるのです。

その背景には、私たちや、その集合としての社会の意識の変化があるのでしょう。

ＳＤＧｓ的な取り組みを前向きに進めなければ、本当に大変なことになる、という他人事ではない意識が高まっているから、ＳＤＧｓ経営が応援される。環境（Enviroment）・社会（Social）・ガバナンス（Governance）の各要素への貢献を重視する「ＥＳＧ投資」の規模が目覚ましい勢いで拡大しているのも、単なる意識の高まりだけではなく、利益にもつながっていることを投資家が認識しているからだと思います。

また、ＳＤＧｓを推進し、正の連鎖を起こさなければ、文字通りこの社会が持続できなくなる——という政治を行う側の危機感も高まっているに違いありません。

さんさん山城がＳＤＧｓカンファレンスに招待されたのも、２０１８年末に、済州島から済州特別自治道議会の視察があったことがきっかけでした。世界的な大企業というわけではない、いち事業所の取り組みが海外の政治機関から注目された事実は、それだけ為政者がＳＤＧｓを広げたいと考え、そのベンチマークとなる素晴らしい事例を探していることを示しているのではないでしょうか。

ここで、本章の最後に、私が大好きなエピソードを紹介させてください。

ＳＤＧｓカンファレンスからの、さんさん山城への招待枠は２名だったそうです。しかし、施設長の新免《しんめん》修《おさむ》さんらは、「できるだけ多くの方を連れていきたい」と、旅費の支援を受ける

図表3　SDGsカンファレンスの様子

ための通信販売や企業からの後援などによって、利用者12名、職員5名という大所帯で済州島に向かったのです。

このような心意気のある事業所だからこそ、利用者のみなさんも充実して働くことができ、消費者も「さんさん山城を応援したい」と考え、正の連鎖を広げることができているのだと思います。

さんさん山城では、ＳＤＧｓへの取り組みと、農福ＪＡＳ認定第一号の取得などにより、農業生産品である野菜の販売も好調です。新たな販路は、一流ホテルや、京都祇園の料亭などです。地球や地域の持続可能性を高める取り組みが、新規販路開拓を呼び込み、売上をもたらしてくれているのです。

第1章
取り組むのはいま!
その具体的メリット

1

「儲ける」だけでは罪悪感がある!?

ＳＤＧｓに取り組んでいる企業・事業所の事例はいかがでしたか？

この第1章では、序章の事例を踏まえて、ＳＤＧｓに取り組むことで得られる具体的なメリットを解説していきます。

多くの経営者が「儲け」と「貢献」の間で悩んでいる

「経営者は孤独だ」とよく言われます。

経営者は「儲けなければ」と日々プレッシャーを感じていますが、ストレスや弱みを身内に見せるのも難しく、また相談できる相手がいたとしても、社内には経営者は自分しかいないため、同じ目線で話をできないケースも多くあります。

それでは、なぜ経営者は「儲け」について、ストレスを感じるのか？

大前提として、儲けが出ていない状況は、経営者の大きなストレスになりますが、一方で、この悩みとは無縁の経営者も実は少なくありません。ほとんどの経営者は儲ける自信があるから事業をやっており、勝算＝儲ける自信のない経営者は本来ならあまりいません。

しかし、**結果を出している経営者でも、儲けにまつわる悩みを抱えているケースが多々あります**。その背景には、どこか「お金＝悪」という考えがあるのです。

ビジネスにおいて儲けは善であるとする方でも、いち個人としては、少しやましく感じてしまう。これまで私がお仕事をしてきた経営者にも、そう考える方がたくさんいました。

当然ながら、儲けは重要。自分や家族、従業員やその家族を守るためにも、取引先と一緒に成長していくためにも、企業や組織は利益を出す必要があります。そして、実際にそのために儲けようとしていても、気持ちのどこかに後ろめたさを感じてしまう。もうこれは無意識に近いレベルでそう感じているようです。

また、小さな自治体の企業などの場合、自社の成功のあおりを受けるライバル企業も、個人的な付き合いのある仲間だったりする。そうなると、成功しても素直に喜べません。「私腹を肥やす」「金の亡者」といった言葉があるのも、お金を悪と考える感覚の反映なのかもしれません。

一方「貢献」は、そんな罪悪感の反対側にあるとされがちです。「儲け」を悪と考える方の多くは、「貢献」を善として捉えています。そのため、儲けることに罪悪感を覚える経営者の中には、社会や地域に貢献したいと考える方が少なくありません。

しかし、そんな意識がありながらも、実際にCSR活動などに積極的に取り組む経営者はあまり多くありません。その理由が、たびたび述べている、「儲け」と「貢献」は両立しないとする考えです。

社会貢献に取り組むためには、時間や人手やお金がかかる。

社会貢献に取り組むことで、儲けが犠牲になる。

そう思っている経営者が社会貢献活動を実践するには、よほどの大きな利益・人員の余裕がなければ難しいでしょう。

「儲け」と「貢献」は二者択一ではない

私には、儲けることに罪悪感を覚える方のほとんどは、「儲け」と「貢献」は両立しないものと考えているように見えます。

ですが、何度も言うように、儲けと貢献は両立できます。

序章で紹介した企業など、私が長くコンサルティングをさせていただいている企業の経営者や幹部のみなさんは、昔からこのようなことを言っています。

「儲けるだけじゃつまらない。儲けて、社会の役に立つ。こうでないと」

ポイントは、「こうでないと」。ここには「だから経営は楽しい」という思いが込められています。

私がＳＤＧｓを知って以降は、その説明もした上で「どんどん貢献しましょう」とお話ししているのですが、それも受けて、**「ＳＤＧｓっていいね。儲かりながら同時に貢献もしちゃうんだもんね」**といった具合で、みなさんワクワクしているのです。

社会貢献はこれからさらに重要になってきますが、儲けとセットでできる活動です。

日頃からボランティア活動に勤《いそ》しむ、そんな一部の方々の自己犠牲に頼るのみでは、環境破壊は止められない。社会問題も解決できない――そんな危機意識から、ＳＤＧｓは生まれています。

だから、逆説的ですが「気軽に社会貢献に参加する」という感覚も大切です。

せっかく社会貢献活動に取り組んだのに、力を入れすぎてプレッシャーやストレスに転じてしまうと、経営者はますます眠れぬ夜を過ごす羽目になる。そうではなく、前向きにワクワクと臨むことで、「社会貢献活動の持続可能性」も高まります。

また、個人的には、経営者のストレスや、自社の儲けなどを抜きにして、純粋に貢献だけに的を絞っても、肩の力を抜いて取り組むほうがよいと感じています。

楽しんで経営をしながらやる。その活動を継続する。

そうすると、気がつけば「世のため人のために頑張る」ことが、特別なお題目ではなく、自分の日常の延長線上にある喜びになっていきます。そうして、心底ワクワクしながら取り組めば、社会貢献活動におけるパワーも大きくなります。

一流のアスリートが「脱力」を大切にしているように、常時緊張していては、最大出力も下がり、疲労も溜まりやすくなります。力を入れすぎて無駄なパワーを消費するより、ワクワクしながら取り組むことで、結果的に大きなパワーが出せると私は考えています。

SDGsだから「両立」できる

と言いつついきなり梯子を外すようですが、単にお金を儲けるだけでは、貢献との両立はままなりません。

すでに述べたように、その儲けが過度の環境破壊や、従業員を薄給でこき使うなどの人権侵害の結果として出ているものであれば、貢献は成立しません。つまり、ＳＤＧｓという〝第三の道〟だからこそ「儲け」と「貢献」を両立できるのです。

ＳＤＧｓは、地球環境に良い取り組み、社会を豊かにする取り組みです。

地球に優しい、社会に優しい、あるいは地球環境に配慮した結果、体に優しい飲食物などはブランドとして認知されます。

たとえば、序章でも触れた小林ふぁ〜むの「とまとのじゅ〜す」。180㎖のジュースが400円から800円になっても飛ぶように売れるのがＳＤＧｓの力です（当然、品質や小林夫妻のストーリーがあっての上ですが）。

ほかにも、数十本限定という非常に少ない本数ながら、トマトジュースへの加工の際に冷凍をせず、生トマトからじっくりと抽出した「ぷれみあむとまとのじゅ〜す 輝」は、720㎖で1万円という値段ですが、大変な人気を博しています〈図表4〉。

図表4　ブランド力ポジショニングマップ

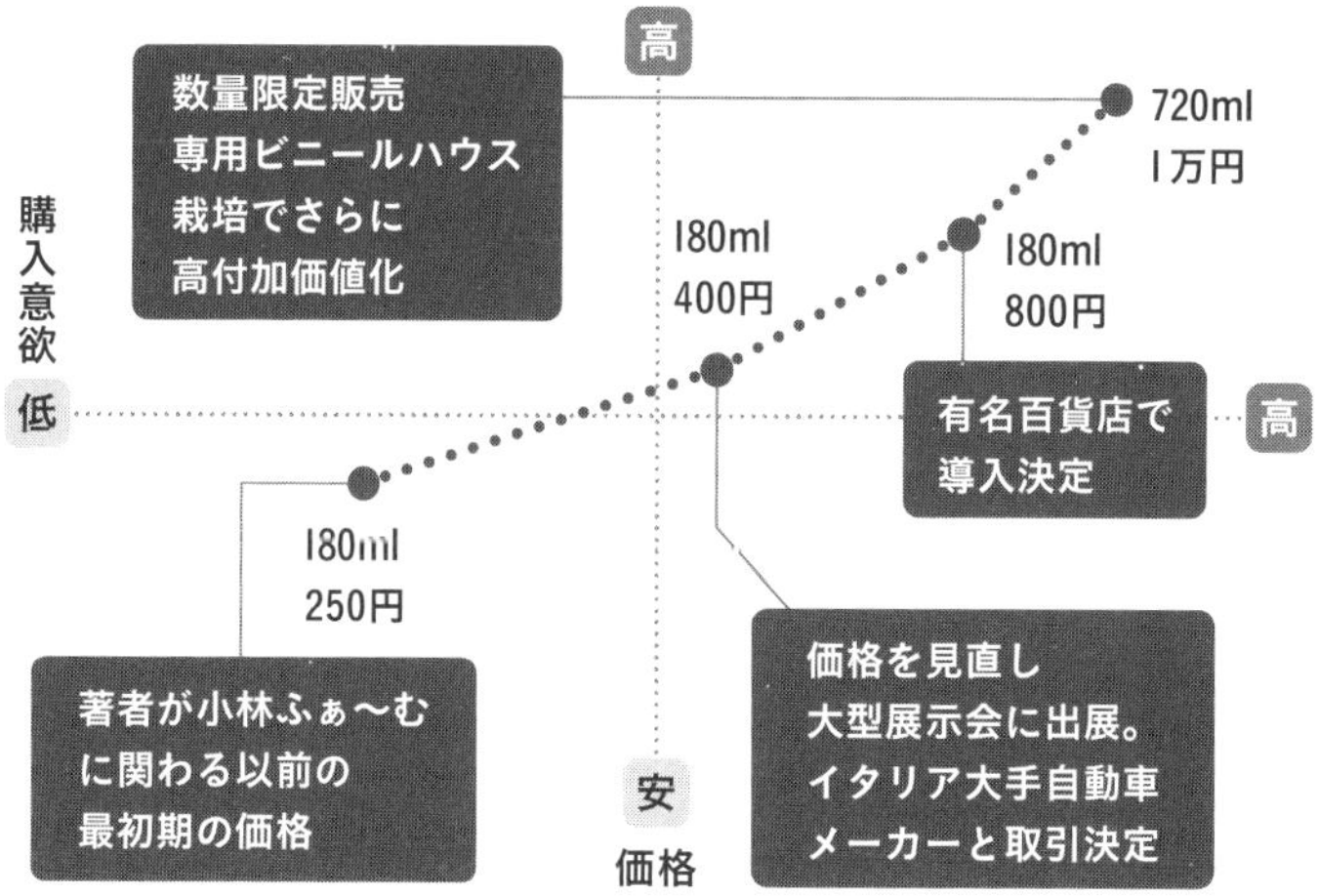

もしかしたら、若い読者の方は「当たり前だ」と思いながら読まれているかもしれませんね。

1980年代〜2000年前後に生まれたミレニアル世代や、それより若い方々の社会貢献への関心の高さは、さまざまな調査・アンケートでも証明されています。

先述したESG投資についても、日本経済新聞の記事「ESG×投信 ミレニアル世代のハートをつかむ」に引用されている米モルガン・スタンレーの調査によると、2019年2月にアメリカの個人投資家800人に行ったアンケートで、責任投資（投資先の財務情報だけでなく、ESG＝環境・社会・ガバナンスなどの非財務情報も重視・分析して行われる投資）に「非常に関心がある」と回答した比率は49%、ミレニアル世代の投資家は「非常に関心がある」だけで70%に達しています。

いかに今後、SDGsが企業経営において重要となるのかが示唆されています。

SDGsの持つ「危機を乗り越える力」

もう1つ、小林ふぁ〜むのエピソードを紹介させてください。戦略と先見性に優れている小林ふぁ〜むは、新規販路開拓を目的として、2018年9月に東京ビッグサイトで開催された「第24回グルメ&ダイニングスタイルショー秋」への出展を予定していました。

本番である9月に向け、商談件数の増える出展ブースのつくり方や、販路開拓を成功に導くお礼状の出し方・書き方などを、福知山市商工会主催の「販路開拓塾」を通して一緒に共有し、準備を進めてきました。

その最中の2018年7月、大雨が発生し、小林ふぁ〜むの畑が浸水してしまいました。トマトを栽培していたビニールハウスも浸水し、トマトは壊滅状態でした。

後に「平成30年7月豪雨」と名づけられた集中豪雨。西日本を中心に、全国で死者224名、行方不明者8名という被害（『平成30年度消防白書』より）を出した記録的な大雨です。

9月のグルメ&ダイニングスタイルショーまでは、日がありません。

どうするか。このとき、加奈子さんと伸輔さんは、気丈に言いました。

「いまから植え直します。9月のグルメ&ダイニングスタイルショーには間に合いませんが、10月くらいには収穫できると思います。ベストの時期ではないので収穫量は当初予定よりは大幅に落ちますが、負けません」

小林夫妻は、水害によってダメになった農作物の片づけをし、土をつくり直し、再度トマトを植えました。しかし、それから2カ月後の9月、再度、大雨が小林ふぁ〜むの畑を襲いました。

万事休す。過去に前例のない、1年間に2度の水害。もうそこからでは、9月の本番に間に合いません。トマトの栽培には夏の強い日光が必要不可欠。秋から冬では、トマトを育てることも叶わないのです。

本来であれば、収穫したてのトマトを絞った新物のジュースで展示会に挑む予定でした。大切につくり、育ててきた「とまとのじゅ〜す」というブランドをお披露目する場として計画していた大型展示会。しかし、そこに持って行く在庫がありません。

悩んだお二人から、「商談をしようにも、在庫がほとんどない。商談がまとまっても仕入れていただくだけの商品がない。小林ふぁ〜むは展示会に出ること自体が初めてで、このような状況では出展をやめるべきなのか」というご相談が入りました。

あまりにも厳しい事態ですが、出展の可否を私と相談して決めたいと言っていただき、コンサルタント冥利に尽きる思いがしました。

在庫の数を確認していただいたところ、残るは、180㎖の瓶が200本弱。それだけあれば、ギリギリ乗り切れると私は思いました。

そして、最終的には計画通り出展する決断が下されました。

それでもお二人には、「商談がまとまって、販売してもらえるようになったときに、買っていただく商品がなくてよいのか」という不安があったそうです。しかし、私はこのように考えていました。

「地球環境に優しいオンリーワンの栽培方法であるかなこ農法のトマトから生まれたニッチトップの『とまとのじゅ〜す』。他に代わるものがない製法と味だからこそ、気に入ってくれたバイヤーさんたちは、1年なら待ってくれる。集中豪雨のことをお話しすれば理解していただける。展示会は商談の場。商談さえしっかりできれば主催者様に迷惑をかけることもない」

こうして出展にこぎつけ、会場ではとまとのじゅ〜すの試飲が大人気。「サンプルはないですか。持って帰って担当バイヤーに飲ませたい」。そんな声を数多くいただきました。

この出展が縁で、赤いロゴや『ルパン三世』のルパンの愛車として知られるイタリアの大手自動車メーカー・フィアットのカフェで、とまとのじゅ〜すが販売されることになりました。地元で「高い」と言われてきたとまとのじゅ〜すが、イタリアの人気ブランドのカフェから認められた瞬間です。

さらに、翌2019年2月の「第25回グルメ&ダイニングスタイルショー春」では、「新製品コンテスト（ビバレッジ部門）」で大賞を受賞しました。

この大賞受賞をきっかけに、前述の某デパートとの取引へと至ります。

記録的豪雨にも負けることなく、販路開拓を成功させた事実が、小林ふぁ〜むがつくるとまとのじゅ〜すの品質の確かさと、ＳＤＧｓの持つパワーを実感させてくれました。

生きて仕事をしていれば、前述の水害のように、思いもよらなかったアクシデントもある。嫌なこと、悲しいことも起こる。そんなときは、自分に起こることはすべて必要で、必然のことが、ベストのタイミングで起こっていると思ってみてはどうでしょうか。

好き嫌いという感情で反応するのではなくて、まずは自分に起こっている出来事を「必要必然ベスト」の心で受け入れてみる。そこから「危機を好機へ変える方法が見えてくる」ということがあるのではないかと思います。

ＳＤＧｓの効果①　新規事業創出

言うまでもないことかもしれませんが、消費者の意識がどれだけ変化しても、単に地球や社会に優しいだけの商品やサービスでは、なかなか選んでもらうことはできません。

ＳＤＧｓの長所は、「自分たちができるＳＤＧｓ的な取り組みは何だろう？」と考え、試行錯誤する過程で、自社や自社商品の魅力を高め、ブランディングにつながる点にあります。

ここからは、そんなＳＤＧｓが自社にもたらす効果について、具体的に見ていきましょう。

まずは、京都府福知山市の農事組合法人・かわい（以降、平仮名の続く箇所でも読みやすいように「かわい」と記します）の新規事業創出の事例をご紹介します。

「かわい」は、平成の大合併で福知山市に編入した旧三和町川合地区の法人で、豊かな水と土から生まれた「川合米」の生産を中心に、耕作放棄地の再生や獣害対策など、人口減少集落のコミュニティ維持に積極的に取り組む、その部分だけでもSDGs的な法人です。


そんな「かわい」のヒット商品が、昔ながらの製法でつくられたこんにゃくです。

昔から川合地域はこんにゃく芋の生産が盛んで、生産量こそ減ってはいたものの、「かわい」でもこんにゃく芋を生産していました。代表理事の土佐祐司さんは、6次産業化を目指し、商品開発および販売に取り組もうと考え、「人口減少集落を豊かに。関わる人たちの生活を豊かに」をコンセプトに商品開発を始めました。

このこんにゃくのポイントは、加工の際によく用いられる消石灰《しょうせっかい》（水酸化カルシウム）や炭酸ソーダ（炭酸ナトリウム）ではなく、昔ながらの藁を燃やした灰を使っている点です。

もともと「かわい」の農産物の収穫などで力を借りていた、地元の婦人グループである「さゆりグループ」のみなさんと開発に取り組み、こんにゃくに詳しい安部大輔氏の指導を受けて完成したこんにゃくは、昔ながらの灰汁《あく》や綺麗な川合の水などの効果からか、くせのない優しい味に仕上がっています。

土佐さんは、「こんにゃくを売って、好きな歌手の歌謡ショーに行こう」を合言葉につくられたこんにゃくの販売方針を「安売りはダメ。歌謡ショーに何回も行けるような価格で販売する」と定めました。

その販売価格は1パック350円（地元の福知山市内では250円）。「安い」とは言えない値段ですが、京都市内で行った最初の販売で、1年分の予定数量を売り切ってしまいました。

実は、仕掛け人の土佐さん以外は「こんなに高くて売れるのかなあ」と不安もあったそうです。しかし、土佐さんは京都のファッション業界で仕事をされていた方で、西陣織などの伝統工芸に通じ、品質を評価されれば高くても売れる自信がありました。私へのコンサルティング依頼も「こんにゃくを高く売れるようにしたいので手伝ってください」という、そのものズバリの打診でした。

私は、「江戸時代より続く製法（持続可能性の高いこんにゃく製法）」を柱にブランディングを行いました。

こんにゃく芋には毒性があるので、加工するのは大前提。「水酸化カルシウム」や「炭酸ナトリウム」などと横文字が入ると怖く見える人もいますが、私たちが平気で舐められる食塩も「塩化ナトリウム」です。なので、現在の加工方法が悪いわけではないのですが、コモディティ化された商品が、その市場で一番美味しい商品となることはありません。効率化によって失われる味わいはどうしてもあるのだと、「かわい」のこんにゃくを食べると感じます。

「かわい」のこんにゃくは、江戸時代以前から使われてきた、もち米の藁を燃やした灰を用いた灰汁で固めています。こんにゃく芋の加工のために、製造された消石灰や炭酸ソーダを使う必要がないため、持続可能性の高い製法であることもアピールしました。

このように、ＳＤＧｓで美味しいこんにゃくなら、少々高くてもちゃんと売れる。肝心の味がイマイチでは問題ですが、美味しい商品ができて、消費者にその情報を届けられれば、高く売れるのはある意味で当たり前なのです。

SDGsの効果② 伝統産業の復活

近年、乱獲によるウナギやマグロ、サンマなどの絶滅危機・不漁が目立っています。豊かになる＝悪では決してありませんが、日本や海外でのニーズが増えた結果、このような事態が起きてしまうからこそ、持続可能性、サステナビリティに注目が集まっています。

裏を返せば、遠く離れた場所にモノや情報を届ける手段がなかった時代の持続可能性は、高かったに違いありません（ただ、そうした時代は、厳しく貧しい生活を強いられていた人も多く、それを称揚するつもりはありませんが）。だからこそ、「かわい」のこんにゃくのように、伝統的な製法や原材料を用いたＳＤＧｓ的な商品が生まれ、注目を集めているのです。


この視点で、**ＳＤＧｓとの親和性が非常に高いと言えるのが伝統産業**です。

京都の丹後地方の伝統的な絹織物で、２０２０年で発祥から３００年となる「丹後ちりめん」は、日本国内の絹織物としては未だにナンバーワンシェアを誇っていますが、生産量は１９７３年の９２０万反（白生地）をピークに、２０１６年には、31万反まで減っています。

しかし、そのような状況下で、国内の着物市場以外に活路を見出そうと、積極的に活動する若い世代が現れ、徐々に結果も出ています。２０１７年には、パリ・コレクションで「on aura tout vu（オノラトゥヴュ）」が丹後の織物を用いたコレクションを発表しています。

パリコレにも生地を提供し、パリで開催される世界最大の素材とインテリアの展示会「メゾン・エ・オブジェ」に出展するなど、海外での活動にも精力的な安田織物株式会社は、

２０２０年、丹後ちりめんの洗えるシルクマスクで注目を集めました。

新型コロナウイルスと関係なく、５年前から製造されていた商品ですが、コロナ禍が長引きそうな局面において、繰り返し洗える、エコで肌に優しいマスクとして話題になりました。

「先祖代々の浴衣・着物」があるように、伝統産業から生まれるモノは長持ちし、親から子、子から孫へと受け継がれてきたようなものも多くあります。これはファスト・ファッションの対極と言えます。また、シルクは科学的な染料を使っていなければ１００％土に還ります。これ以上ないほどのＳＤＧｓ素材なのです。

織物＝アパレルとは限りません。

株式会社一色テキスタイルの丹後ちりめんは、某鉄道会社の観光特別列車や、三井ガーデンホテル京都駅前のコンセプトルーム「丹後ちりめんの間」の内装材に採用されています。

折しも、新型コロナウイルスの影響でアパレルの需要減が見込まれる中、このような内装材や小物の原材料といった、衣服以外の用途を広げようとする取り組みは、丹後ちりめんの未来にとって重要なポイントとなるでしょう。

産地である与謝野町商工会で推進している「売れる商品作りプロジェクト」では、新規販路開拓にも積極的に取り組み、成果を生み出し始めています。

先ごろ引退された内田篤人選手も所属していた、ドイツサッカー・ブンデスリーガの名門、ＦＣシャルケ04のホームスタジアムで商品展示を行うなど、海外進出にも積極的です。

シャルケのスタジアムでの取り組みは、山梨県の株式会社メディアブレインのご協力により実現しました。このようにさまざまな形の協力をいただいて進んでいけるのも、ＳＤＧｓの持つパワーなのだと認識させられます。

このような丹後ちりめんの事例は、あくまでも一例ですが、**いま衰退トレンドにある伝統産業であっても、ＳＤＧｓと組み合わせることで、その価値を理解していなかった層に届く可能性は十二分にあるはず**です。それだけの魅力があるからこそ、伝統産業は今日まで続いてきたのではないでしょうか。

伝統産業を盛り上げたいと考える方は、ぜひＳＤＧｓにご注目いただければと思います。

2

なぜいま、「世の中のため」を考えると人が集まり、応援され、儲かるのか？

SDGsで儲かる時代になっている最大の理由と言えるのが、消費者の意識の変化です。

私自身、以前から「儲け」と「貢献」の両立をテーマにしてはいましたが、これまでは、そのバランスを取るのにかなりの努力を必要としていました。

ところが、いまの時代は、その距離が驚くほど近づいており、「**貢献をすれば自然に儲かる**」と形容してしまえるほどの成功事例がどんどん生まれています。

「儲け最優先」に嫌気が差した人たちが増え始めている

そのような意識の変化の最大の理由は、「お金の使い方」に対する考え方が大きく変わってきているからだと思われます。

簡単にまとめてしまうと、年々、「儲け最優先」という考え方を嫌う人が増えているのです。

これは、前項でも少し触れた「儲け＝悪」という考え方と似て非なるものです。

むしろ、起業家として名を成す存在が増えたことで、儲けを出せる人は（嫉妬も同時に集まるものの）尊敬を集めやすい社会になっていると私は感じます。

問題はその先です。**いま注目されるのは、「儲けたお金で何をするのか」**なのです。

この変化には2つの理由があります。

1つは、情報アクセス機会の劇的な増加です。インターネットの発展によって、SNSやコーポレートサイトを通じて、「お金をたくさん持っている人が何をしているのか」を知りやすくなりました。

企業の社会貢献活動などについて、知りたくても情報の取り方がわかりにくく、また手間がかかった時代に比べ、知りたいことをすべて知れるわけではないし、インターネット上にある真偽の怪しい情報も多々あるにせよ、いまの時代の便利さは文字通り次元が違います。

これも革命的な変化ではありますが、さらに重要なのは、もう1つの「消費者が自分のお金が持つパワーに気づいた」という理由です。

お金を使うことは選挙のような投票行為であり、数十円、数百円であっても、未来を変える力があるということに気づき、「自分のお金の使い方」を意識する人が明らかに増えています。

お金を払うことは、応援である――。この感覚が、どんどん社会に広がっています。つまり、「儲け最優先」と見られる人への意識は、「その人が儲けているから嫌」とは限りません。

それよりも、「自分が託したお金は、社会を良くするために使われてほしい」という思いがある。お金や人の意志が連鎖する重要性がわかり、他者が持つお金の行き先も、他人事ではなく自分事なのだと気づいたことで、他者のお金の使い方に対する注目が増しているのです。


私は小林ふぁ～むなど、農薬不使用・化学肥料不使用の農家や農業法人のお手伝いをする機会が多く、狭い地場にこだわらず、販路を広げれば、優れた品質の野菜なら高くても売れると経験則で確信しています。

ただ、現象として理解してはいるものの、近所の八百屋やスーパーで買うよりも明らかに高い野菜を、さらに送料をかけて注文してくださるお客様――直接の対話ではなく、多くの場合情報のみですが――に触れていると、胸が熱くなることがあります。

おそらく、この感覚に「持っている金額の多寡」はあまり関係ありません。

むしろ、あまり資産のない若い方ほど、「使えるお金に限りがあるからこそ、大切なヒト・モノ・コトに使いたい」という意識を持っているようにすら感じます。「良い」と感じる、決して安くはない商品を満足して買ってくださる方は、湯水のようにお金を使えるお金持ちとは限らない。それどころか、日頃はディスカウントストアで商品の値動きなどを細かくチェックして、節約に励んでおられる方もいるように思います。

お金を大切に使いながら、だからこそ、特別な機会に、高くても美味しい、環境や健康にいい野菜を買う。そんな生活を丁寧に送られている方がたくさんいると感じます。

そうして使われるお金は、単なる応援に留まりません。それは「こんな野菜をつくる農家が儲かるように」という未来への祈りや願いでもある。

そんな思いを込めてお金を使う方がたくさんいるから、消費者のお金が集まる先である、企業や資産家の「お金の使い方」が注目されるのだと考えます。

震災、気候変動による風水害、感染症がトリガーに

このような流れが、東日本大震災や、近年とみに被害が目立つ台風や大雨といった天災によってさらに加速しています。

非常時に困っている人を助けたい、と考えるのは、ごく普通の感情です。

仕事柄、新型コロナウイルスの影響で売上が落ちて、クラウドファンディングを始めた企業や店舗などの動向をチェックしているのですが、すぐに目標を達成するプロジェクトには「地元になくてはならない」と思われているような存在である――という共通点がありました。4

代続く歴史のある洋品店や、参加飲食店に平等に分配するといった形で自治体等がまとめて行うプロジェクトなどは、わずか数日で目標を達成していたのです。

もちろん、支援を受けられないプロジェクトが悪いと言いたいわけではありません。ただ、「困っている人を助けたい」と思う人も、地域のすべてのプロジェクトを精査する余裕はそうありません。また、純粋な応援を目的に、地元以外の方が支援するケースも多々あります。

そのため、長く続く歴史があったり、自治体丸ごとなどわかりやすい情報があったりすると、地元にはその分だけファンがいるし、外の方からも「ここなら間違いないだろう」と思われやすいのでしょう。

このような意識の変化があるからこそ、SDGsで貢献に取り組む企業や、その商品・サービスは、消費者から応援され、結果として儲けにもつながりやすくなります。

ですが、それはいま述べたクラウドファンディングの話と同様に、SDGs経営が当たり前になったら、その中で「4代続く歴史」といった目立つトピックが必要になってしまうかもしれません。

だからこそ、「**SDGsに取り組むのはいま！**」なのです。

コラム　〝第三の道〟がイノベーションを生む

私がよく、「儲けと貢献は対極にある」と考える方にお話しさせていただくのが、〝第三の道〟の大切さです。つまり、「どちらかを選ばなければ」と考えてしまう2つの選択肢で悩む場合に、別の道を考えることです。

暴走するトロッコがそのまま走った先に5人の作業者がおり、Aさんがたまたま線路の分岐器の近くにいるものの、分岐した別路線でも1人が作業している——という状態においてAさんはどうするべきかという「トロッコ問題」が、近年よく話題になります。

思考実験としては、2つの選択肢だけでもよいのでしょう。とはいえ、実際にそんな場面に遭遇したら……。きっと、最善の選択肢は、「トロッコを脱線させてどちらの路線にも進まないようにさせる」といった第三の道になるのではないでしょうか。

トロッコ問題に限らず、選択は「選ばれざる側」を生んでしまうことがあります。いま社会に溢れる問題の多くも、そんな分断から生まれているように思うのです。また、悩ましい二択というのは、実際にそのような懸念が、どちらの選択肢にも存在しているケースが多いのではないでしょうか。

もちろん、簡単なことではありませんが、私は、第三の道は必ず存在すると考えます。また、どちらを選んでも何かしらのデメリットがある選択肢に直面したときは、血眼になって第三の道を探すべきだと思うのです。

他の選択肢について考えない方は、そうすることを「妥協では？」と受け取りがちです。

しかし、第三の道は、グレーゾーンや折衷案ではありません。純粋に、「どちらか一方を選ぶよりも良い選択肢」で、イノベーティブな発見です。たとえば、「儲け」か「貢献」かで言えば、SDGsで両取りを狙うのが第三の道です。

大陸から渡来した仏教の、日本での礎を築いたとされる聖徳太子が、古来の神々を疎かにせず神仏習合につながったように、また、犬猿の仲だった薩摩藩と長州藩が手を組み、明治維新につながったように、第三の道を見つけると、歴史に名を残すことすらあると考えています。

「儲け」と「貢献」なら、まだ良い二択ですが、私たちの生きる世界はより複雑で残酷です。「AかBか」という選択肢が、時に味方と敵を分け、悲劇を生んでしまう。「誰一人取り残さない」ためにも、第三の道を探すことを意識していただきたいと強く思います。

3

成長カーブ曲線から見る「儲け」と「貢献」

ここまで繰り返し、ＳＤＧｓで「儲け」と「貢献」は両立できると述べてきました。

さらに言うなら、両立できるどころか、これからは、儲けるためにこそ、ＳＤＧｓを意識する時代になると考えています。この項では、その理由について説明します。

利益の「量」だけに着目する経営は持続可能性が低い

経営で重要なのは、利益の「量」である――。

このように言われて、疑問を抱く方は少ないでしょう。「儲け」と「貢献」は両立しないと思う経営者の多くは、利益の量に着目し、増えれば素晴らしい、と考えています。

もちろん、利益の量は大切です。ただし、利益を見る基準が量しかないと、時代の変化に乗り遅れると私は考えています。

利益には、もう1つ、「質」という観点があります。

数値化できず、言語化しにくい部分もあったため、多くの人が利益の質について考えるような機会は少なかったように思います。しかし、いま「質の高い利益にはどんなものがあるか？」と問われれば、私は簡単に答えられます。

社会の持続可能性に配慮しながら生み出される利益――すなわち**SDGs経営による利益は、例外なく、質の高い利益と言えます。**

利益の量に着目したマーケティングでは、図表5に示す「成長曲線」がよく用いられてきました。急激に伸びた企業は衰退も急激で、じっくりと伸びてきた企業は長く成長を続ける――というものです。

図表5　利益の伸び方と成長曲線の形

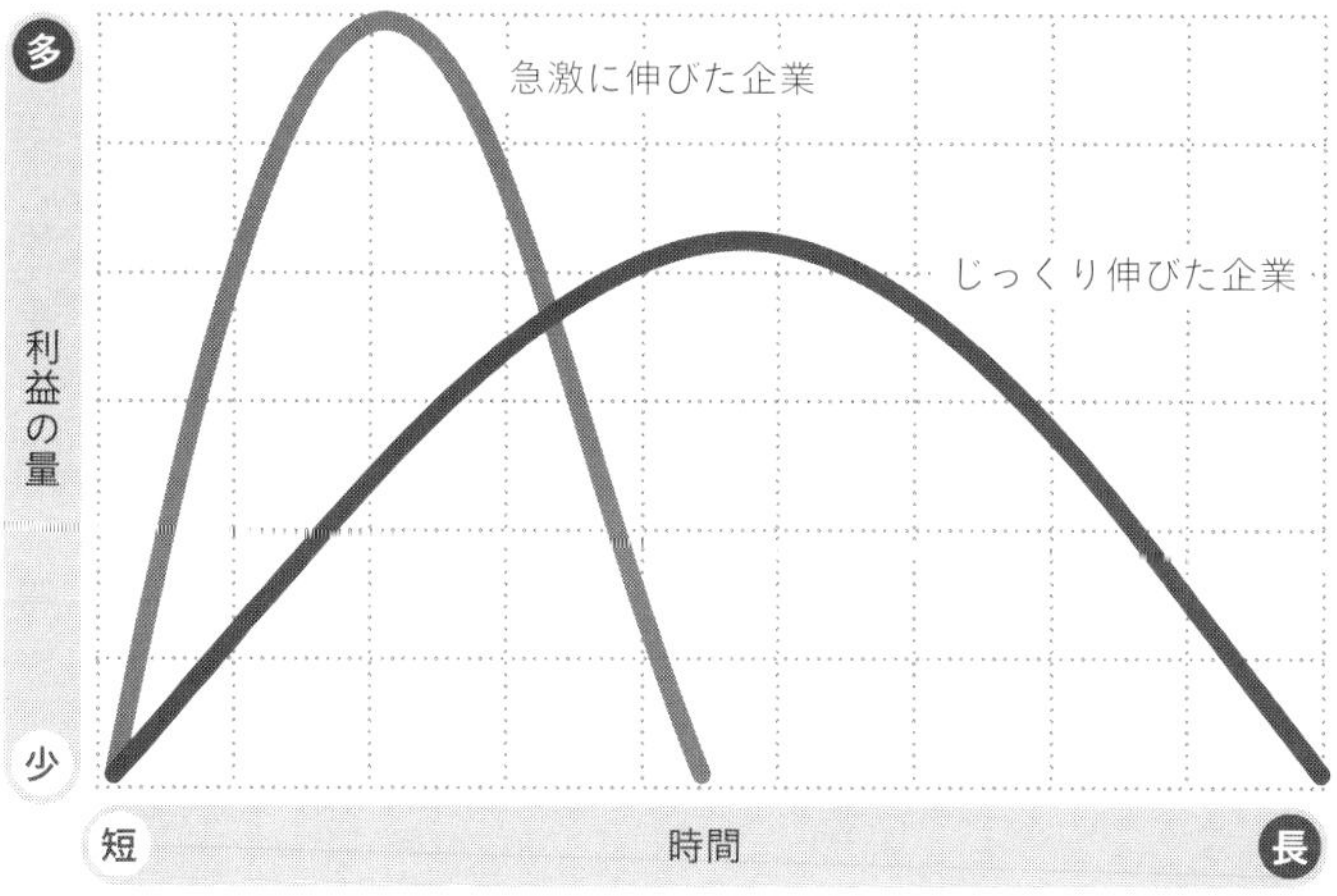

前者の軌跡はよくロケットにたとえられ、かつてのＩＴバブルなどは、この曲線にあてはまる企業が非常に多くありました。

とはいえ、私は「儲けの持続性を高めるために少しずつ儲けよう」と主張したいわけではありません。

私が提案したいのは、図表６のように、**「量」ではなく利益の「質」のマトリックスで考えること**です。

利益の質の向上は、その企業や組織のサポーターの増加と比例します。成長カーブ曲線ではなく、ＳＤＧｓ経営による利益の質向上を目指し、サポーターを獲得できると、好調期の持続期間が長くなります。

図表6　利益の質のマトリックスで考える

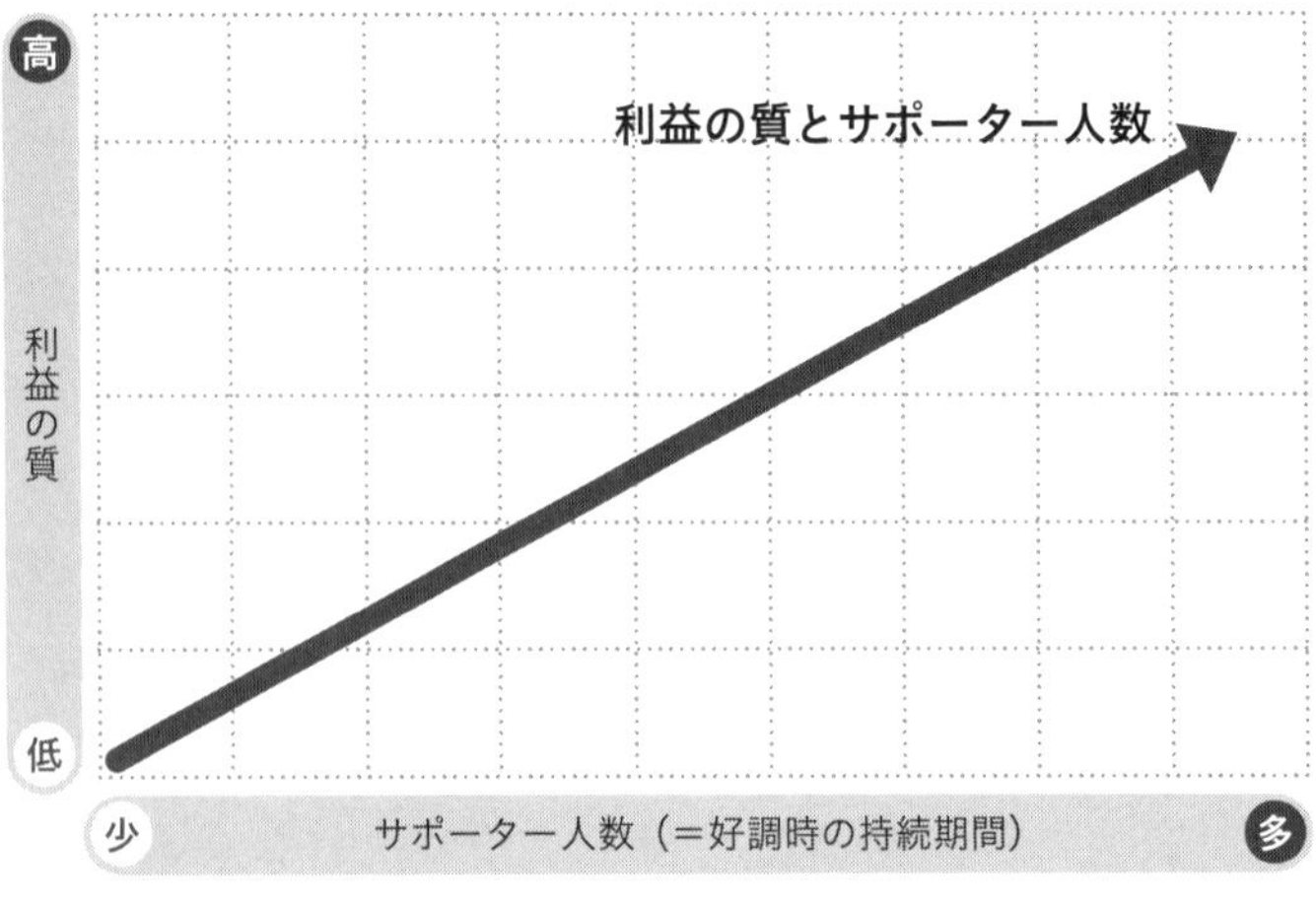

ここで出発点に立ち戻り、「利益の質」という言葉について考えてみましょう。

本来、「利益率が高いビジネスによる利益」は、質の高い利益と言えました。しかし、時代は変わり、消費者は企業の儲け方・お金の使い方に注目し、それをチェックしています。

その結果、ここ数年で、利益率などの数値化が簡単な要素よりも、「儲け方の姿勢」といった定量化しにくいマインド面が「質」のポイントになっています。

とはいえ、それを踏まえて、いまの時代に評価される「質の高い利益」を出し続ければ、右肩上がりで成長できる——とも思いません。質が高く、継続性もあるＳＤＧｓ経営を実現できた企業や組織は、図表７のような成長を見せると私は考えます。

図表7　SDGs経営を実践できる事業の成長性

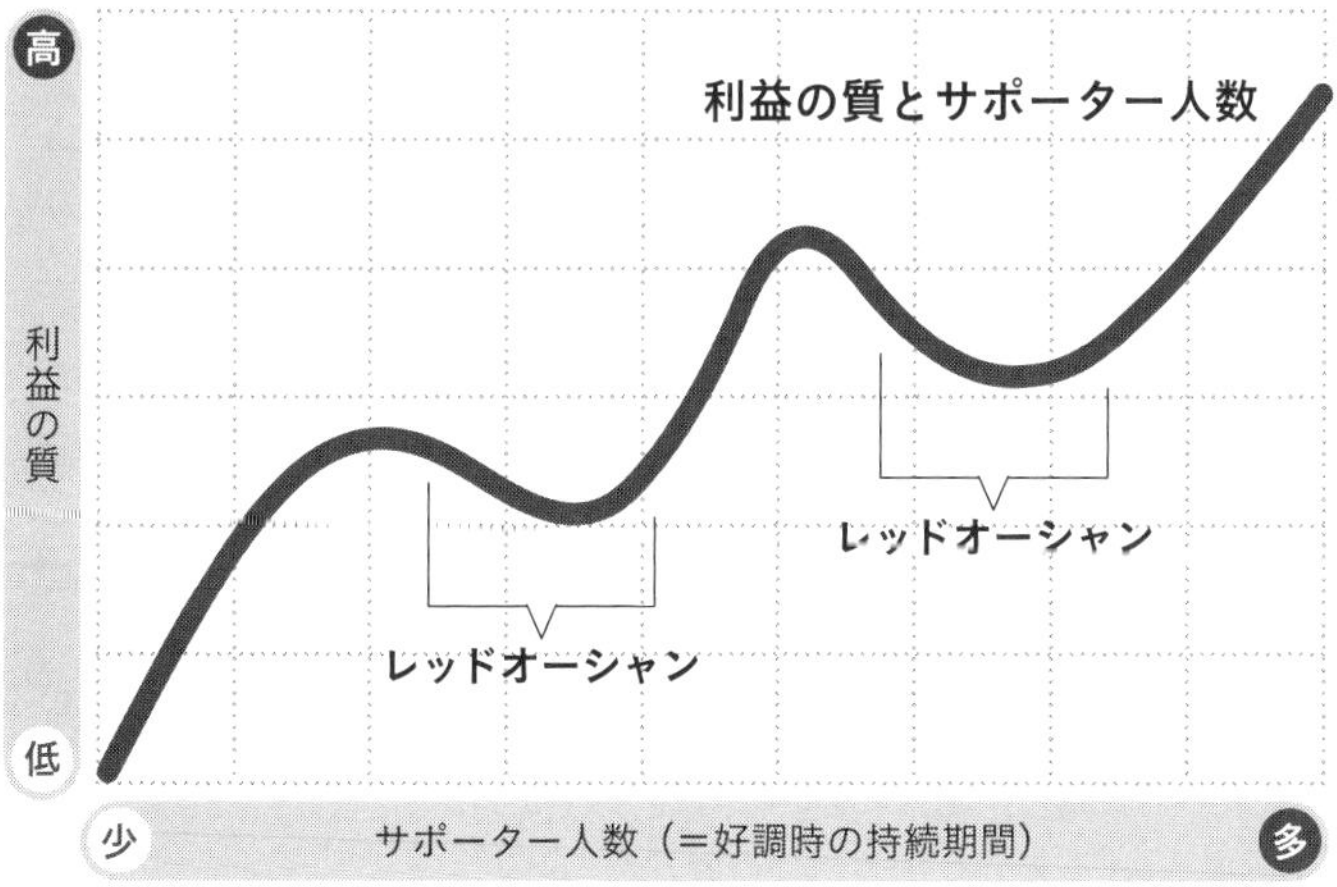

1つのやり方で質を高め続けるのは、基本的には不可能です。どこかで技術的に踊り場を迎えるでしょう。また、仮に成長の踊り場がない類のビジネスだとしても、その場合は模倣が容易なので、ライバルが増えてレッドオーシャン化します。

そのため、仮に絶対的なレベルをキープできても、消費者から見た相対的な質の高さはどこかで必ず停滞します。

たとえば無印良品を運営する良品計画は、順調な成長を見せていましたが、2000年代に急激に業績が悪化しました。

ITバブル崩壊などによる不景気で、100円ショップが大きく躍進した時代です。成功を収めた100円ショップ側は、無印良品の「ブランドロゴがなくてもブランドになれる」商品づくりを意識していました。良品計画は2001年2月の決算期に初の減益となり、株価も約5分の1に急落、時価総額は4100億円目減りしました。

その後の復活の立役者となった当時の社長・松井忠《ただ》三《みつ》氏によると、マネジメントの問題が多く、商品の品質などにも問題が多々あったようです。それでも、それまでの10年間で無印良品が提案したスタイルに衝撃や感銘を受けたサポーターやファンがいたからこそ、停滞期を乗り越えられたのではないかと私は見ています。

私の古巣・船井総研でも、社会や企業は直線状に良くなっていくことはなく、平常時や非常時の変化・浮き沈みを経て、スパイラル状に良くなっていくものと考えます。

企業側の動きがどれだけ的確でも、リーマン・ショックや東日本大震災、新型コロナウイルスのような非常時に巻き込まれる可能性をゼロにはできません。

そんなとき、まさに「応援」し、支えてくれるサポーター・ファンがいれば、沈み切ることなく、再び上昇トレンドに乗れるのではないでしょうか。

ルールが決まると法律が決まる。法律が決まると市場が生まれる

今後、圧倒的に利益率が高いビジネスでも、環境や人の犠牲の下に成立するものなら「質の低い利益」と見なされ、応援されずにロケット型の成長カーブ曲線を描くようになります。

私がそう考える根拠はＳＤＧｓであるわけですが、ここで重要となるのは、ＳＤＧｓの中身以上に、「ＳＤＧｓ」というルールや考え方が存在している――という事実です。

ビジネスの世界では、次のような流れがあります。


国際ルールが決まる↓国内の制度が決まる↓補助金決定↓市場が生まれる

そして、この一連の流れは、往々にしてセットで起こります。

たとえば太陽光発電市場を考えると、この流れがわかりやすいでしょう。

１９９７年に「気候変動に関する国際連合枠組条約の京都議定書（京都議定書）」が採択され、京都議定書を批准する日本でも、温室効果ガスの削減を進めるために、太陽光発電が広まるような施策を行いました〈図表８〉。

その後、２０１１年の東日本大震災による福島第一原子力発電所事故などもあり、日本中に大小さまざまなソーラーパネルがつくられるようになりました。

いま、ＳＤＧｓ経営も、完全にこのような流れに乗っています。

図表8　ビジネスの世界にある「一定の流れ」

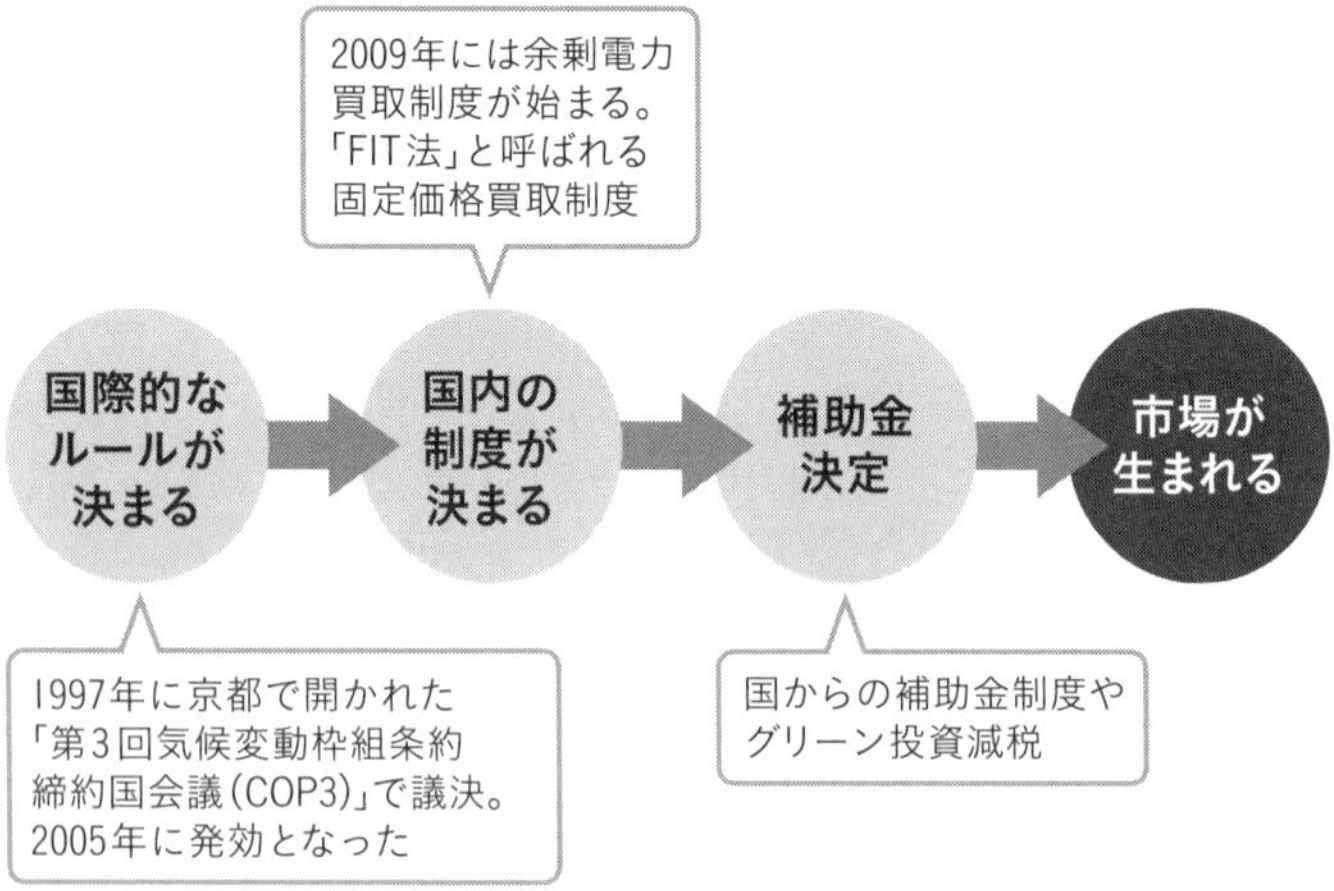
2009年には余剰電力買取制度が始まる。「FIT法」と呼ばれる固定価格買取制度
国際的なルールが決まる
国内の制度が決まる
補助金決定
市場が生まれる
1997年に京都で開かれた「第3回気候変動枠組条約締約国会議（COP3）」で議決。2005年に発効となった
国からの補助金制度やグリーン投資減税

ある考え方をひと言で述べられるキーワードが定着することは、社会に拡散する上で非常に重要です。その点で、２０１４年に国が「地方創生」の旗印を大きく掲げたことは、大きな意味があったと私は感じています。

結果としては、インバウンド誘致以外で大きな成果をもたらした施策は少なく、コロナ禍の現在は外国人観光客の訪日もあまり期待できません。しかし「地方に目を向けて応援しよう」という市民の意識の醸成に、「地方創生」というキーワードは大きく役立ったと思うのです。

そう考えると、これだけ社会に対する意識が高い消費者が増えている割に、「ＳＤＧｓ」というキーワードはそこまで一般化していません。これは喜べる話ではありませんが、**逆に言えば、SDGsで儲けるチャンスは、まだまだ広がる**とも考えられます。

だからこそ、「取り組むのはいま！」であり、機先を制することが肝心なのです。

そしてもう1つ、ここであらためて意識したいのが「的確な貢献」です。

お金儲けだけを目的にＳＤＧｓ的な取り組みをしても、アンテナが鋭くなった消費者の目を完全に欺くことは不可能です。仮に欺瞞に気づく人がごく少数でも、いまはＳＮＳなどで、その風評が簡単に広がります。一時的に儲けることは可能でも、継続的な利益は上げられません。

コラム SDGsは周知も素早く

先ほどのコラムで、「SDGsに取り組むなら、早ければ早いほど良い」と述べました。ここでもう一つ意識してほしいのが、「SDGs的取り組みの素早い周知」です。この「スピード」も大切なポイントです。

本来、自らの取り組みや、目標にしていることを、どのタイミングで外に出すか——というのは経営判断に限らずデリケートな問題です。

ところがSDGsの場合、そんなことを気にする必要がありません。

取り組みを始めたら、すぐにそれを発信してしまいましょう。

なぜなら、みなさんがSDGsに取り組み始めた瞬間から、社会や地域への貢献は始まっているからです。取り組みを始めたらすぐに「SDGs経営をしています！」と打ち出すことをおすすめします。

図表9は、序章で紹介した茶園清水屋さんのウェブサイトのキャプチャーです。

茶園清水屋さんは、社長夫妻以外のご家族も、みな行動力があって素敵な方ばかりなのですが、本格的にSDGsの看板を掲げて活動し始めたばかりの時期に、ご長男の清水太《たい》嗣《し》さんから「ウチの取り組みを紹介していいですか？」という確認がありました。

前述の理由から、私が「どんどんそうするべきだ」とお伝えすると、太嗣さんはすぐに資料をまとめて各所にアピールを開始。SDGsに熱心で、日本人と外国人留学生が半数ずつ在学することで知られる、立命館アジア太平洋大学にアポイントを取る行動力を発揮し、太嗣さんは別府で学長の出口治明《はるあき》さんにお会いする機会をいただきました。出口学長

図表9　茶園清水屋が取り組むSDGs

茶園清水屋が取り組むSDGs
私たちは、宇治市内の碾茶農家として2016年5月27日に初めて有機JAS認定を取得いたしました。
また「SDGs 茶農家宣言」を行い、【For a Child, For a Future】のテーマを掲げ、日本の未来のために、そしてこれからの時代を担う子供達のために「日本茶」という大切な文化を継承していけるよう日々努力しています。
温暖化などにより栽培環境がどんどんと悪化していく中、伝統農法と最新技術を融合させハイブリッド茶農家としてこれからも最高品質の宇治碾茶を作り続けることを約束いたします。

は「ＳＤＧｓの取り組みは素晴らしい。一度お茶を飲みに行きます」とお話しされ、２週間後には宇治の茶園清水屋にいらっしゃいました。

生半可な取り組みでは、実業家としての実績のみならず、とてつもない読書家として知られ、自らも作家として活動される出口さんに認められることはないでしょう。

しかし、「この取り組みを続ければ、確実に社会に貢献できる」と確信できるものであれば、取り組みの途中で、誰が見てもそうだとわかる高さ・大きさまで積み上げるまでには至らずとも、このような評価を得ることができるのです。

ＳＤＧｓ経営に取り組むなら、ウェブサイトやＳＮＳ、プレスリリースなどの発信についてもセットで考えて、素早く動かれることを強くおすすめします。

4 「コロナ禍」でさらに流れが変わる

いま、新型コロナウイルスの影響で、日本中の企業や組織が大きなダメージを受けています。この章の冒頭で述べた流れは、コロナ禍に関係なく加速していたと私は考えますが、その流れを後押しすることになるでしょう。

「豊かな経済」は「豊かな環境」と「豊かな社会」の上に花開く

非常時に「困っている人を助けたい」と考える人がどれだけ増えても、これだけ世界的な規模で、収束の期間も見えないとなると、消費者にできることは限られます。さまざまなクラウドファンディング等が行われていますが、できる支援や寄付には限りがあるからです。

一部地域の災害なら、被災地以外の方は日常生活を続けて余裕を持つことも可能ですが、コロナ禍は地域による感染拡大の勢いの差こそあれ、場所や業種はほぼ関係ありません。

そんな状況下において実行しやすい支援は、日常的な支出の延長線上にあるものなのです。

同じガス代なら、女性経営者が活躍するこのガス会社に払いたい――。
同じ果物を買うなら、より地球に優しそうな農家の果物を買いたい――。
ウィズコロナ、アフターコロナの社会では、「自分の生活にあった余裕をどう使うか」という応援よりも、このような「自分の生活に紐づく支出をどう使うか」という視点がより大切になると考えます。

ＳＤＧｓには、「豊かな経済」は「豊かな環境」と「豊かな社会」の上に花開くという考え方があります。この考え方を表す図がウェディングケーキのような形をしているため、「**ＳＤＧｓのウェディングケーキモデル**」と呼ばれています〈図表10〉。新型コロナウイルスの感染拡大とそれに伴う社会的問題の世界的拡大は、このモデルの確かさを教えてくれます。

新型コロナウイルス発生は、中国の春節によるインバウンド需要が期待される時期と重なりました。あのときは私自身、どうすればいいのかの判断もつきませんでしたので、ここで批判するつもりもありませんし、そもそも私には批判する資格もありません。ですので、いい・悪いという判断ではなく、ＰＤＣＡサイクルの結果の検証として、学んだことを記してみます。

私たちが学んだこと、それは、「環境や社会を後回しにしたり、犠牲にしたりしての経済発展では、すべてがうまくいかない」ということではないでしょうか。

インバウンド需要を優先し、社会問題を大きくしてしまった。そして、優先したはずの経済はどうなったかといえば、GDPレベルで過去に例を見ないレベルでマイナスという結果になってしまいました。このことは、ウェディングケーキモデルの考え方の通りだと言えます。

この学びを通して未来志向で言うのであれば、「今後は環境と社会を優先した経済発展策へと舵を切ろう」ということではないでしょうか。結果として、コロナ禍においてSDGs的な価値観への共感はさらに強まるはずです。

繰り返しになりますが、政府や自治体の対応を批判したいわけではありません。それでもデリケートなこの話題に触れたのは、SDGsの今後の予測に加えて、このような事態においての考え方のヒントとしても使えることをお伝

図表10　SDGsの「ウェディングケーキモデル」

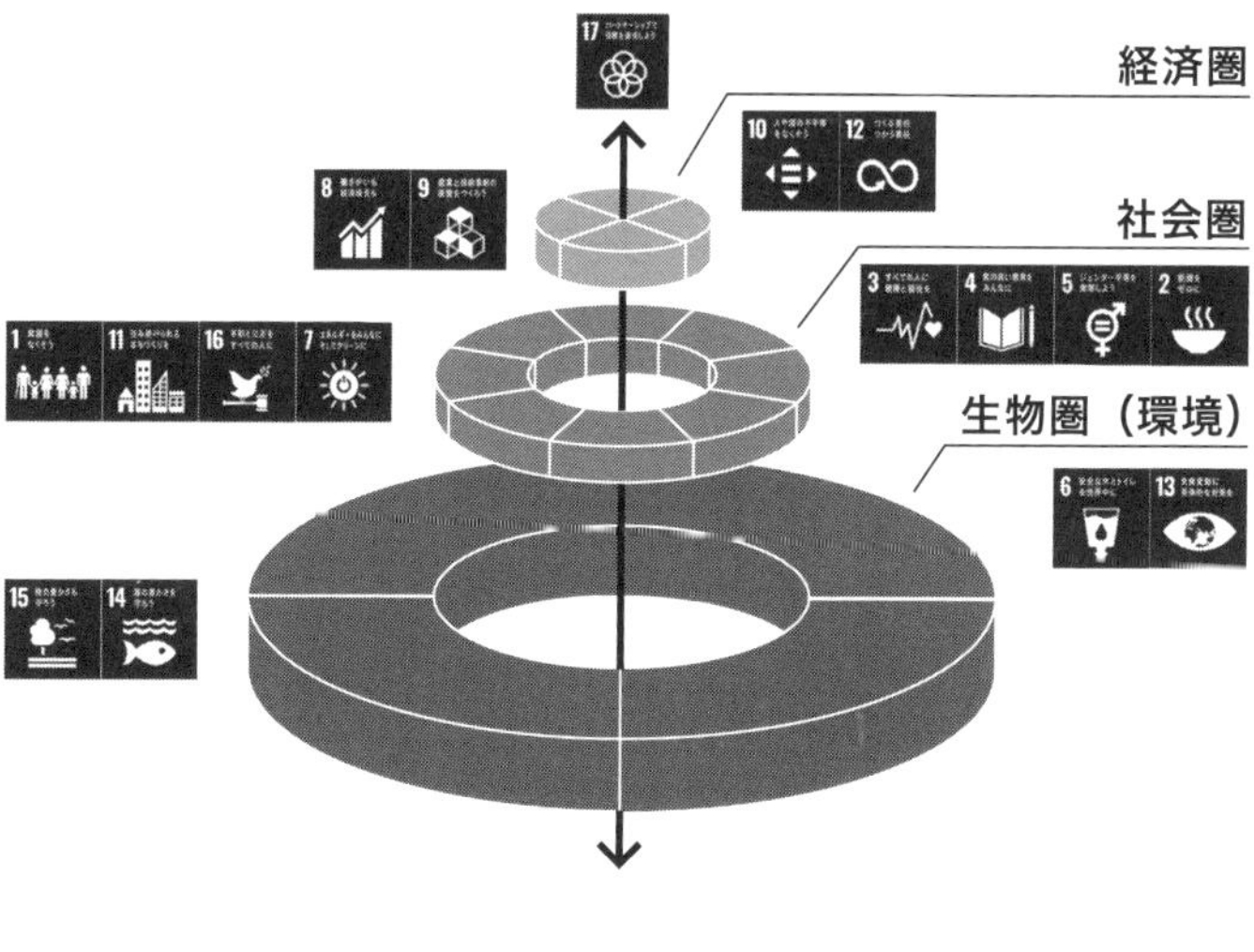

えしたかったからです。

新型コロナウイルス流行は未曾有の事態であり、どう対処しても経済的なダメージを受けないシナリオはないのかもしれません。

しかし、1つ確実に言えるように思うのは、そもそも新型コロナウイルスの発生源が野生動物とされていることを考えると、「一番の土台である環境を破壊し、人間のテリトリーを広げすぎたために、このような事態が発生してしまった」ということです。私たちは、すでにコロナ禍の最中にして、これからの人類の進む方向性を強く問われているのではないでしょうか。

ウェディングケーキモデルの考え方

先ほども少し触れましたが、この考え方のベースとなるのが、スウェーデンの環境学者であるヨハン・ロックストローム博士が考案した、SDGsの概念を表す「ウェディングケーキモデル」と呼ばれる構造モデルです。

あらためて、図表10を見てください。3層からなるケーキの土台の「生物圏（環境）」は、

6 安全な水とトイレを世界中に
13 気候変動に具体的な対策を
14 海の豊かさを守ろう
15 陸の豊かさも守ろう

という4つの目標。その上の「社会圏」には、

1 貧困をなくそう　2 飢餓をゼロに
3 すべての人に健康と福祉を　4 質の高い教育をみんなに
5 ジェンダー平等を実現しよう　7 エネルギーをみんなに そしてクリーンに
11 住み続けられるまちづくりを　16 平和と公正をすべての人に

という8つの目標があります。そして、さらにその上には、

8 働きがいも経済成長も　9 産業と技術革新の基盤をつくろう
10 人や国の不平等をなくそう　12 つくる責任 つかう責任

という4つの目標からなる「経済圏」が載ります。地球環境の上に私たちが生きる社会があり、その上に経済がある。そして、ウェディングケーキの頂点には、

17 パートナーシップで目標を達成しよう

が設定されています。自力で目標を達成できない国があったとしても、豊かな国の援助を受けることで状況を改善できるかもしれない。しかし、そのようなパートナーシップも、持続可能性のある豊かな経済があってのもの——というわけです。

非常にわかりやすく、理屈としても的確なモデルです。みなさんも、何かの施策を考えるときは、このモデルをベースに考えてみてはいかがでしょうか。

経済についての施策なら、まずその下の社会・環境がないがしろにされていないかを考える。そして、問題があるようなら、まずは社会や環境を豊かにできる施策から考えていく——。

この順番で考えることができれば、効果的・持続的な取り組みを行いやすくなり、社会貢献に対するアンテナが鋭くなっている消費者からも、応援されやすくなるでしょう。

第2章

「マーケティング」の視点で読み解くSDGsのキモ

1

みんなが支持するSDGs

ここまでは、SDGsを「単なる社会貢献の話」だと思われる方にも興味を持っていただけるように、意図的に実際の例や経営上の話を中心にしてきました。

この章では、あらためてSDGsの基本的な考え方を説明します。また、経営者や自治体関係者などに、自分事の経営課題であると思っていただけるように、マーケティングの視点も盛り込んで見ていきます。

SDGsの17の目標

まず、大前提として意識していただきたいのが、「SDGsの理念は、圧倒的に広く支持されている」という点です。

2015年9月の第70回国連総会において、『我々の世界を変革する：持続可能な開発のための2030アジェンダ』（以下、『2030アジェンダ』）が全193加盟国の賛同によって採択されました。このアジェンダの中心となっているのが、「持続可能な開発目標」を意味する「SDGs（Sustainable Development Goals）」です。

環境問題に関しては、国によっては取り巻く事情が異なるために足並みが揃わないという現実があります。

そんな国際社会において、日本はもちろん、アメリカも、中国も、ロシアも支持しているのがSDGsです。これはあくまで目標で、法的に私たちの言動を縛るものではありません。しかし、**単なるお題目にしても、これだけ「誰が見ても悪いものとは思わない」お題目はそうありません。**

これが、SDGsの強みです。

17の目標の下には169のターゲットがある

ここであらためて、SDGsの17の目標を紹介します。

なお、17個それぞれの目標には、その内容の解説ともなる、全部で169の『ターゲット』が設定されています。すべてを紹介すると分量が多くなりすぎるので、ターゲットについては最初だけご紹介します〈次ページ図表11〉。その他のターゲットが気になる方は、インター

図表11　SDGsの「目標」と「ターゲット」の例

貧困をなくそう

**あらゆる場所で、
あらゆる形態の貧困に終止符を打つ**

1.1 2030年までに、現在1日1.25ドル未満で生活する人々と定義されている極度の貧困をあらゆる場所で終わらせる。

1.2 2030年までに、各国定義によるあらゆる次元の貧困状態にある、すべての年齢の男性、女性、子どもの割合を半減させる。

1.3 各国において最低限の基準を含む適切な社会保護制度および対策を実施し、2030年までに貧困層および脆弱層に対し十分な保護を達成する。

1.4 2030年までに、貧困層および脆弱層をはじめ、すべての男性および女性の経済的資源に対する同等の権利、ならびに基本的サービス、オーナーシップ、および土地その他の財産、相続財産、天然資源、適切な新技術、およびマイクロファイナンスを含む金融サービスへの管理を確保する。

1.5 2030年までに、貧困層や脆弱な立場にある人々のレジリエンスを構築し、気候変動に関連する極端な気象現象やその他の経済、社会、環境的打撃や災害に対するリスク度合いや脆弱性を軽減する。

1.a あらゆる次元での貧困撲滅のための計画や政策を実施するべく、後発開発途上国をはじめとする開発途上国に対して適切かつ予測可能な手段を講じるため、開発協力の強化などを通じて、さまざまな供給源からの多大な資源の動員を確保する。

1.b 各国、地域、および国際レベルで、貧困層やジェンダーに配慮した開発戦略に基づいた適正な政策的枠組みを設置し、貧困撲滅のための行動への投資拡大を支援する。

ネットなどで検索してみていただければ幸いです。

なお本書では、SDGsの各目標について、アイコンに書かれたわかりやすい文言を用いていますが、それぞれに「あらゆる場所で、あらゆる形態の貧困に終止符を打つ」のようなテーマがあります。

ターゲットの1・1に、「1日1・25ドル未満」という数字があります。これは世界銀行の定めた「国際貧困ライン」という考え方から来たもので、『2030アジェンダ』採択の翌月である2015年10月に1・25ドルから1・9ドルに改定されています。

もちろん、貧困を撲滅するこの目標は非常に重要なものですが、全世界の平均から見れば豊かといえる日本では、細かい数字を気にする必要はありません。

経営者自身の感覚で貧困、ないしは貧困状態に近いと感じられる方や、求職期間が長く仕事をなかなか見つけられていない状態の方などに雇用機会を提供したり、現在の従業員のみなさんの給料をアップしたり――といった施策ができれば、十分に貢献していると言えるでしょう。

目標2以降は、次ページからそれぞれ図にまとめておきます。

2 飢餓をゼロに

**飢餓に終止符を打ち、食糧の安定確保と
栄養状態の改善を達成するとともに、
持続可能な農業を推進する**

「持続可能な食糧生産システムの確立」など、8つのターゲットを通じて飢餓の撲滅を目指す目標です。日本は自給率が低い分、輸入というパートナーシップに頼っている国ですが、自分たちで食糧生産量を増やすだけでなく、いま現在、生産量や収入の少なさに悩む農業従事者に対して、知識や技術のサポートをすることも貢献に含まれます。

---

3 すべての人に健康と福祉を

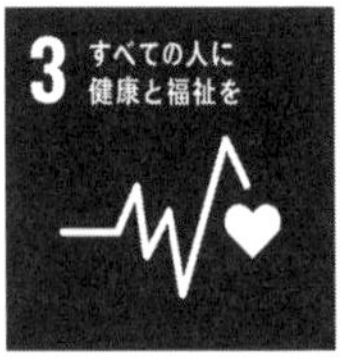

**あらゆる年齢のすべての人々の
健康的な生活を確保し、福祉を推進する**

「2030年までに、世界の妊産婦の死亡率を出生10万人当たり70人未満に削減する」など、13のターゲットからなる目標です。自分たちの企業や組織が医療・福祉関係でなくとも、関係機関を自社の事業や、それによって得た利益でサポートする —— といった形での貢献が可能です。

4 質の高い教育をみんなに

**すべての人々に包摂的かつ公平で
質の高い教育を提供し、
生涯学習の機会を促進する**

「2030年までに、すべての若者および成人の大多数(男女ともに)が、読み書き能力および基本的計算能力を身につけられるようにする」など、10のターゲットからなる目標です。実業家や著名人による、外国に学校をつくり、支援をする等の活動もこの目標にあてはまる貢献です。「2030年までに、技術的・職業的スキルなど、雇用、ディーセント・ワークおよび起業に必要な技能を備えた若者と成人の割合を大幅に増加させる」というターゲットもあるので、学生だけが対象ではなく、たとえば自社の従業員のスキルアップ教育に力を入れるのも、この目標に対する貢献と言えます。

5 ジェンダー平等を実現しよう

**ジェンダーの平等を達成し、
すべての女性と女児のエンパワーメントを図る**

「あらゆる場所におけるすべての女性および女児に対するあらゆる形態の差別を撤廃する」など、9のターゲットからなる目標です。近年、日本のジェンダーギャップ指数の低さが問題になっています。それだけに、適切な取り組みができると、注目と応援を集めやすい目標とも考えられます。ただし「適切な取り組み」のハードルを甘く見ないことが重要です。SDGs経営の舵取りをする経営者や役員たちが、自らの価値観のアップデートができているかどうかを厳しくチェックすることも大切になるでしょう。雇いはするものの、条件面やキャリアパスの描きやすさに男性従業員と差があるようでは、残念ながら「貢献」とは言えません。

---

6 安全な水とトイレを世界中に

**すべての人々に水と衛生へのアクセスと
持続可能な管理を確保する**

「2030年までに、すべての人々の、安全で安価な飲料水の普遍的かつ平等なアクセスを達成する」など、8つのターゲットからなる目標です。日本のように、上下水道の整備が進み、水道水を安心して飲める国はそう多くありません。世界レベルで見れば、命の根幹を支える非常に重要な目標です。

7 エネルギーをみんなに そしてクリーンに

**すべての人々に手ごろで信頼でき、
持続可能かつ近代的なエネルギーへの
アクセスを確保する**

「2030年までに、世界のエネルギーミックスにおける再生可能エネルギーの割合を大幅に拡大させる」など、5つのターゲットからなる目標です。第1章でも触れたように、(環境や社会を毀損しない形で)太陽光発電などに取り組むことで貢献可能です。

8 働きがいも経済成長も

すべての人々のための持続的、包摂的かつ
持続可能な経済成長、生産的な完全雇用および
ディーセント・ワークを推進する

「2030年までに、若者や障害者を含むすべての男性および女性の、完全かつ生産的な雇用およびディーセント・ワーク、ならびに同一労働同一賃金を達成する」など、12のターゲットからなる目標です。「ディーセント・ワーク」は働きがいのある、人間らしい仕事を意味します。過重労働や強制労働、従業員が生きがいを感じにくい仕事などに、無理やり就かされるケースを減らさなければいけません。

---

9 産業と技術革新の基盤をつくろう

強靭(レジリエント)なインフラを整備し、
包摂的で持続可能な産業化を推進するとともに、
イノベーションの拡大を図る

持続可能性の高い産業化と技術革新が定期的に起こる基盤をつくるための、8つのターゲットからなる目標です。開発途上国の経済成長には、電気・ガス・水道、インターネットなどのインフラの整備が必要不可欠です。日本のように、インフラに恵まれている国は、そうでない国への経済支援や技術支援が求められます。

---

10 人や国の不平等をなくそう

国内および国家間の不平等を是正する

「2030年までに、年齢、性別、障害、人種、民族、出自、宗教、あるいは経済的地位その他の状況に関わりなく、すべての人々の能力強化、および社会的、経済的、および政治的な包含を促進する」など、10のターゲットからなる目標です。平和な国と紛争が絶えない国では、人生の可能性に大きな差が生じます。紛争地域近くに生まれたために、その手に銃を持っている少年兵が、日本やアメリカに生まれていたら、ギターを手にして世界を音楽で変えていたかもしれません。そのような不平等をなくすための目標です。

11 住み続けられるまちづくりを

都市と人間の居住地を包摂的、安全、強靭(レジリエント)かつ持続可能にする

「2030年までに、女性・子ども、高齢者および障害者を含め、人々に安全で包摂的かつ利用が容易な緑地や公共スペースへの普遍的アクセスを提供する」など、10のターゲットからなる目標です。近年、研究や実証実験が進んでいるスマートシティは、この目標の目指す先にあるものと言えます。経営難の会社も多かったバス会社等の交通インフラ企業が新型コロナウイルスでさらにダメージを受け、少子高齢化がどんどん加速している日本としては、特に自分事として考えるべき目標かもしれません。

---

12 つくる責任 つかう責任

持続可能な消費と生産のパターンを確保する

「大企業や多国籍企業をはじめとする企業に対し、持続可能な慣行を導入し、定期報告に持続可能性に関する情報を盛り込むよう奨励する」など、11のターゲットからなる目標です。便利で大多数の消費者に喜ばれるものなら、地球環境や周辺住民の健康などは気にせずともよい──といった考え方は、もはや通用しません。生産と消費に「持続的」という観点を盛り込み、廃棄物などについても、できる限り環境への悪影響を抑えることが求められます。

13 気候変動に具体的な対策を

**気候変動とその影響に立ち向かうため、
緊急対策を取る**

「気候変動対策を国別の政策、戦略および計画に盛り込む」など、5つのターゲットからなる目標です。小さな企業や組織としてできることは限られるかもしれませんが、近年の日本や諸外国にとって非常に大きな問題です。

---

14 海の豊かさを守ろう

**海洋と海洋資源を
持続可能な開発に向けて保全し、
持続可能な形で利用する**

「2025年までに、陸上活動による海洋堆積物や富栄養化をはじめ、あらゆる種類の海洋汚染を防止し、大幅に減少させる」など、10のターゲットからなる目標です。海産物の資源保護も内容に含まれており、近年サンマやイカなどの歴史的な不漁がニュースとなり、ウナギやマグロの絶滅危機が叫ばれる中、日本政府には持続可能な漁業を実現するための施策を期待したいところです。

15 陸の豊かさも守ろう

**陸上生態系の保護、回復および持続可能な利用の推進、
森林の持続可能な管理、砂漠化への対処、土地劣化の阻止
および逆転、ならびに生物多様性損失の阻止を図る**

「2020年までに、あらゆる種類の森林の持続可能な管理の実施を促進し、森林破壊を阻止し、劣化した森林を回復し、世界全体で植林と森林再生を大幅に増加させる」など、12のターゲットからなる目標です。14の「海の豊かさを守ろう」に続く目標なので、「陸の豊かさ“も”」となっています。いまある豊かな自然をできるだけ守り、緑化に努め、その自然に住まう生態系を保護、回復することを目指します。

16 平和と公正をすべての人に

持続可能な開発に向けて平和で包摂的な社会を推進し、すべての人々に司法へのアクセスを提供するとともに、あらゆるレベルにおいて効果的で責任ある包摂的な制度を構築する

「あらゆる場所において、すべての形態の暴力および暴力に関連する死亡率を大幅に減少させる」など、12のターゲットからなる目標です。地域や国家による格差だけでなく、2020年に「ブラック・ライヴズ・マター」運動が社会に大きなうねりを生んだように、同じ地域や国家においても、出自などの違いによって、公正とは言えない扱いの差がいまなお残っています。そのような不公正を解消することを目指します。

---

17 パートナーシップで目標を達成しよう

持続可能な開発に向けて実施手段を強化し、グローバル・パートナーシップを活性化する

「資金」「技術」「貿易」「体制面」などに細分化されて示されている19のターゲットからなる目標です。ウェディングケーキモデルの説明でも触れたように、開発途上国への資金や技術の援助など、SDGsが目指すゴールにたどり着くには、さまざまな面での協力が必要不可欠です。

できることをやればいい

もしかしたら、17の目標の文面だけをあらためて見ると、ＳＤＧｓが少し遠い目標に思えてしまう方もいるかもしれません。しかし、すでにみなさんは、序章の事例などで、ＳＤＧｓへの関わり方は規模の大小を問わず、その形もさまざまであることをご存じのはずです。

企業レベルで見れば、気候変動、平和と公正など、一部のテーマは民間に取り組みにくいものですが、民間レベルでＳＤＧｓに取り組むことは、目標達成のために非常に大事な要素なのです。

ＳＤＧｓが始まる前のＭＤＧｓ（Millennium Development Goals＝ミレニアム開発目標）は、期限であった２０１５年までに達成した目標も多く、一定の成果は挙げています。しかし、国連はＭＤＧｓについて、先進国と民間セクターがもっとコミットする必要があったと振り返っています。

先進国については、支援やその枠組の策定には日本も参加していましたが、ＳＤＧｓはより当事者として先進国が参画することが重視されます。これには、先述したパートナーシップを強化する意味合いだけではなく、先進国も、産業が盛んなればこそ起こる環境破壊や、解決されるべき社会問題を数多く抱えている点も理由として挙げられるでしょう。

そして民間セクターについても、雇用を生み、経済成長を支える基盤としてその存在が必要不可欠であることに加え、持続可能な社会を確立するには、もはや政府や公的機関の働きかけだけでは不可能である——という側面も大きいと考えます。

ですから、**どんなに小さな貢献であっても、民間の企業や組織がSDGsに参画するだけで大きな前進**なのです。みなさんが力を発揮できない目標は、ほかの誰か、あるいはほかの国に適任な存在がいると信じて任せればOKです。

むしろ、私は「すべての目標にコミットしようとする」姿勢に懸念を覚えます。国連も、全部やる必要はないし、むしろ全部やろうとすると効果的でないと説明しています。

本当にやりたいこと、得意なことに注力するとき、SDGsは最も効果を発揮します。特に、自治体レベルならまだしも、企業がSDGs経営に取り組む場合、よほどの大企業でなければ、ニッチトップを目指すのがおすすめです。

17の目標どころか、169のターゲットのうち1つに的を絞って、「ウチはこれで生き残る！」と決め打ちしてもいいくらいだと私は考えます。

なお、ここで1つ強調して提言をさせてほしいことがあります。

２０２０年度から、地方創生の第2期、５年スパンの「まち・ひと・しごと創生総合戦略」が始まっています。そこでは「地方創生ＳＤＧｓ推進」が掲げられ、全自治体が地方創生にＳＤＧｓを組み込むことが求められています。

この要請を受けて、**多くの自治体において「すべての目標に取り組むケース」が頻出する**と見ています。残念ながら、リソースや向き不向きを考えず、全部一気にやろうとする自治体は、５年後、確実に成果が出ずに終わりかねません。

ランチェスターの法則を思い出してみてください。十分なリソースがない組織が生き残り、成長するための最善の戦略、それは「一点突破」です。

「1つだけでいい！」――これは、強くお伝えしたいところです。

とはいえ、自治体レベルで「1つだけ選ぶ」のも難しいでしょう。選ばれなかった目標に目が行く方がいても無理はありません。ですから、自治体を批判したいわけではありません。

ここで訴えたいのは、民間セクターの重要性です。

みなさんが選ばない目標は、「取り残された目標」ではありません。

民間セクターがそれぞれの得意分野に注力する。自治体全体、あるいは地球全体で適材適所の配置を行い、最大限のパフォーマンスを発揮するためにこそ、「自分にやれること、やりたいこと」をすることが重要です。その努力が集積した結果として、みなさんの地元においても、17の目標が広くカバーされる社会が実現するのです。

ここで思い出していただきたいのが、SDGsの「誰一人取り残さない（leave no one behind）」という誓いです。

国連は、SDGsの「誰一人取り残さないことを誓う」という表現の「誓う」という単語を、よく使われる「promise」ではなく、非常に強い誓いを表す「pledge」で表しています。

この誓いを意味する「pledge」は、教会での結婚式の際、神父さんから「あなた方は一生愛し合うことを神に誓いますか？」と問われるときの誓い（swear／vow）よりもさらに強い言葉なのだそうです。

国連はこれだけの強い気持ちで、「誰一人取り残さない」と誓っているのです。

一隅を照らす。選択は他の非選択を意味しない

「SDGsの全目標に手を出すべきではない」という話をするときに、よく引用させていただく言葉があります。それは、天台宗の開祖である最澄が『山家学生式《さんげがくしょうしき》』に記した、「一隅《いちぐう》を照らす、これすなわち国宝なり」という言葉です。

一隅とは自分の置かれた場所です。

そこが世界の中心である必要はなく、ほんの小さな片隅でよい。

むしろ、誰もが見るところを照らすのは、誰にでもできることかもしれません。

また、この言葉の前段で、最澄は「金銀財宝が国宝ではない」と記しています。


自分のいる場所を照らす人が現れると、その一隅の周囲も照らされる。

そうして、小さな光を灯す人が増えることで、明るい場所が連鎖するように増えていく。

それこそが宝である。


このように、私は解釈しています。

まるで、１０００年以上ものちの歴史を知っていたかのように、ＳＤＧｓの根本を射抜く言葉だと思います。

誰一人として取り残さない。しかし、一人ひとりは、ただ一隅を照らせばよい。

そうすることで、「すべての人が照らされる社会」をつくることもできるのだと、私は信じています。

2

「儲ける」ではなく、「儲け続ける」ために必要なもの

SDGs経営における「儲け」は、「継続的な儲け」と言い換えられます。

前章にグラフで示したように、利益の質が高ければ儲けが出る期間が伸び、またSDGs経営による利益は、自ずと質の高いものになるからです。

ここでは、その質の高さに大切なポイントを見ていきます。

循環すればゴミも資源に変わる

「儲け続ける」ために大切なのは「循環」です。入れたら、出す。どんなに健康に良いものを飲み、食べても、排泄しなければ病気になってしまいます。

このように書くと、当たり前のように思われるかもしれません。ゴミですら、リサイクルという循環に乗せられれば、資源に生まれ変わらせることが可能です。

しかし、企業・組織の経営や運営においては、意外に顧みられることが少ない要素です。

「儲け」と「貢献」の循環サイクルをつくる

そうならないためには、入れて出す、循環のサイクルをつくらなければいけません。日常的に、儲けと貢献が連動するように仕組み化するのです。

そして大切なのは、出すとき、「こっそり捨てる」といった形ではなく、アウトプットの質が低下しているときに、そう指摘してもらえるように、外部の目に晒される形ですることです。

最初のうちは「実効性がない」などと、その貢献が批判を受ける可能性もありますが、**厳しい意見をいただき、本業に反映することで、貢献の質も、儲け＝利益の質も上がっていきます**。

自分たちのやっていることが時代と合わなくなるタイミングの訪れは、多くの企業に避けられないものです。しかし、事実に早めに気づければ、アウトプットの形を変えて、企業の寿命も伸ばせます。

長く続く大企業も、花札からゲーム機にたどり着いた任天堂、カメラやフィルムから医薬品や化粧品にたどり着いた富士フイルムなど、1つの武器だけで戦ってきたとは限りません。

特に、一時的に爆発的に注目される事業は、時代に強くマッチしたからこそ爆発力を持つのであって、ロケット型の成長カーブを描く場合が多いのです。

裏を返せば、ＩＴで大成功した経営者が、短期間でサービスを売却し、新サービスを開発したり、セミリタイアしたりする例がありますが、それは経営者自身が、そのサービスが循環サイクルをつくるタイプの事業ではなく、ロケット型の事業と自認しているからでしょう。

帝国データバンクと、ビューロー・ヴァン・ダイク社のデータベース「Orbis」の2019年10月時点のデータから、日経BPコンサルティングの「周年事業ラボ」が作成した表によると、世界における老舗企業の数は日本がずば抜けたトップで、創業100年以上の日本企業の数は33076社、世界全体に占める割合は41・3%、同じく創業200年以上の企業数は1340社、割合は65・0%におよんでいます。

この数字を見るに、欧米では、サイクルをつくるよりも、ドンと儲けて、ドンと貢献するのが基本的な考え方であるのかもしれません。

見方を変えれば、日本では欧米ほど寄付の文化や投資の習慣が根づいていません。その分、意識的に貢献を行わずとも、儲けを生み出す本業が貢献につながるタイプの企業がもともと多く、結果的に長く生き残り続けているように思います。

世界最古の企業が日本の金剛組（578年創業。2006年から高松建設のグループ企業に）であることも、そのような日本企業とSDGs経営との親和性の高さを示しているのではないでしょうか。聖徳太子により百済《くだら》から招かれた宮大工が創業した金剛組は、593年に四天王寺を創建し、その工法はいまに引き継がれています。

１００年以上続く持続可能性の高い企業が提供する商品やサービスもまた、数百年続く建築物であったり、数百年単位で愛され続ける商品であったりすることもＳＤＧｓ的です。

貢献を自分事にして経営に組み込む

本書の読者のみなさんが貢献に取り組む場合、経営や仕事を続けながら社会や地域に関わる形の、「儲け続けることで行う貢献」になることが多いのではないでしょうか。

そこで大切になるのが、「**貢献を自分事にすること**」です。

そうすれば、自然と儲けと貢献のサイクルが見えてくるはずです。


ちなみに、話が前後しますが、本業がそのままイコール貢献になるタイプの企業は、アウトプットの方法論を細かく考える必要はありません。

なぜなら、本業の質が悪くなれば、そのまま貢献の質も悪くなり、消費者の反応もダイレクトに返ってきます。「裸の王様」になりようがないわけです。

また、本業の成果物をそのまま寄付すれば、貢献になるタイプの業種もあります。

たとえば富士メガネは、１９８３年より、視力に難を抱える難民・国内避難民にメガネの寄贈を行っています。２００６年には、会長・社長の金井昭雄氏が、国連難民高等弁務官事務所より日本人初となる「ナンセン難民賞」を受賞するなど、国際的にも評価を受けています。

ほかにも、アウトドアメーカーのモンベルは、「アウトドア義援隊」を組織し、２０２０年に起こった「令和2年7月豪雨」のような災害が国内で起こるたびにボランティアに参加し、自社製品のテントや寝袋、マットを被災者に提供しています。


とはいえ、富士メガネやモンベルのように、貢献を自分事にしやすい業種以外の企業でも、難しく考える必要はありません。

ひと昔前なら、上手に儲けと貢献のバランスを取る方法を考える必要があったと思いますが、繰り返し述べているように、いまはむしろ、貢献が儲けを生む時代です。**17の目標や、169のターゲットを見ながら、「自分にできそうな貢献」を考えるだけで十分**です。

だから、まずやってみましょう。いまのマネジメントの主流はオープンソースマネジメント。仮に貢献があまり的確なものでなかったとしても、周囲の反響を受けてアップデートしていけばいいのです。

しつこいようですが、ＳＤＧｓはまずやってみる！

その着手が早ければ早いほど、儲けと貢献の両立につながります。

3

「環境負荷の高低」と「集中・分散」で考える

ここでは少し趣向を変えて、地方創生の観点で「自治体のまちづくり」について見ていきます。企業の方にとっては一見、関係なさそうに感じるかもしれませんが、商圏や人々の動向を知る上で、「まちづくり」というより大きな動きを考えることは、意味があると思います。

地方創生SDGsマトリックス

図表12は、私の考える地方創生のSDGsマトリックスです。

図の縦軸は自然環境の豊かさ。上に行くほど豊かで、下に行くほど自然が少なくなります。横軸は人口の密度で、左に行くほど集中し、右に行くほど分散しています。

単純に言えば、一番左下は人が多い大都市、一番右上は自然が豊かで人が少ない自治体です。

Aのゾーンは、これまでの効率重視・経済発展優先の社会ではよしとされてきた、一極集中型のまちづくりです。

東京や大阪を目指す自治体の目標ゾーンとも言えますが、これからの地方創生を考える上では、このゾーンは難しいと私は考えています。

企業における「儲け続ける」は、地方創生では「発展し続ける」「人口の増加・維持」といった目標に換言できます。

しかし、人口減少社会に突入していることを考えると、Aに入る大都市は、すでにあるまちだけで十分。むしろ、いまはAに含まれる、今後衰退トレンドに入るまちもあるはずです。

そのため、時代の流れ的にも、規模的にも、地方創生を必要とする自治体がAを目指すのは無理があると感じます。

とはいえ、政治のプロフェッショナルにとっては、そんなことは自明かもしれません。結果

図表12　地方創生のSDGsマトリックス

A　大都市一極集中型。効率を重視、これまでのやり方

B　まちの規模は小さくないが、自然環境に恵まれたまち

C　離島や自然豊富な山の中などの多自然町村ゾーン。地方創生（地域創生）最初の5カ年の成功モデルが数多く誕生したゾーン

D　衰退が止まらないゾーン。人口減少の激しい県庁所在地、ミニ東京化したまち

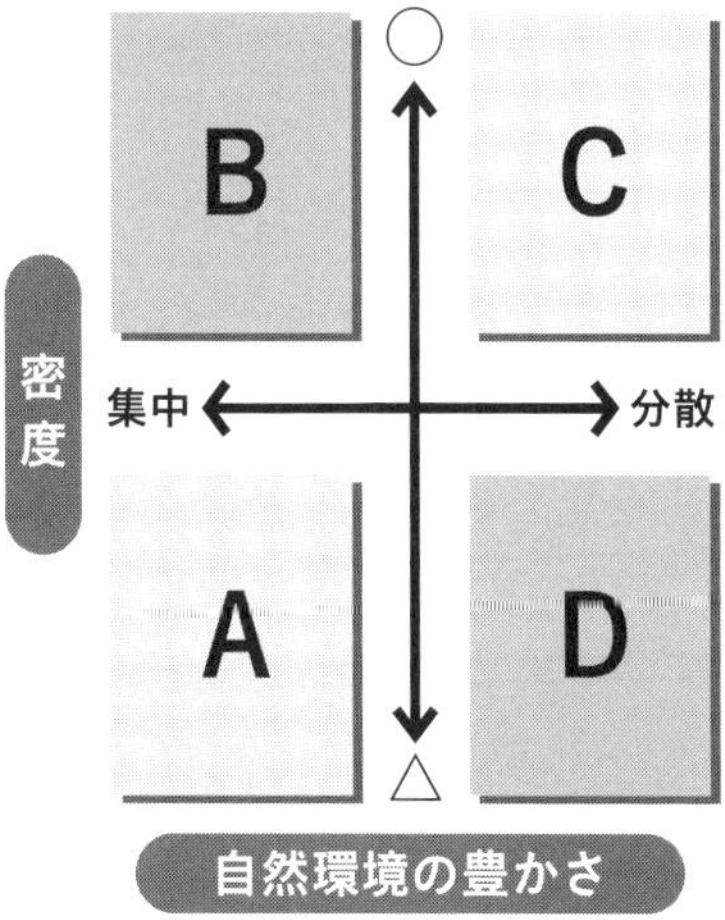

として、多くの自治体はDゾーンを目指しがちです。

しかし、これからの時代は、Dも危険な目標になります。

「老朽化しすぎた施設を新しくする」といった施策はあってしかるべきですが、自然環境の豊かさを犠牲にして、ミニ東京化を目指すべきではないと考えます。

一時的に新しくなった建物・店を喜ぶ地元の方は間違いないますが、一過性のものに終わる危険性が年々増しています。かつて、大都市へのアクセスが悪い場所では、ミニ東京が喜ばれ、人を集める効果もありましたが、いまは昔よりさらに交通もよくなり、インターネット通販の隆盛で「渋谷でしか買えないもの」といった買い物もだいぶ少なくなっています。

そして、最大の問題は「外からの見え方」です。長い目で見ると、そのまちならではの魅力が失われ、しかし東京や大阪にはなれない中途半端な都市になり、地元以外の人にはほかのミニ東京と同じに見えて、**地方創生の生命線となる旅行客目線（交流人口目線）での魅力が失われてしまう**のです。開発も必要に応じて行われるべきですが、できるだけ陳腐化せず、また、外部から見たそのまちの魅力を最大限に残す形で施策を考えることが大切だと私は考えます。

駅ビルを「減築」した例

例を1つ挙げると、岡山県倉敷市の倉敷駅の駅ビルは、2015年に8階建てから3階建てに減築しています。ＪＲ西日本による施策で自治体マターではなく、寂しい思いがした地元の方もおられるかもしれませんが、私自身は悪くない出来事だと感じました。

まずもって、倉敷も大きな都市ですが、県内で最も栄える岡山駅との距離が近く（ＪＲで４駅17分）、人口の減少トレンドを踏まえると、長期的には「若者に受ける雑貨店」といった業態は、岡山駅近くに１つあれば、倉敷のニーズも賄えるようになるかもしれません。

そう考えると、倉敷の駅ビルを栄えさせ、人を集めようとする努力にも限界があったように思います。そして、倉敷には白い壁の蔵屋敷など、古くから残る建物が並んでいて江戸情緒を感じさせ、なおかつアール・デコの大原美術館なども見られる「倉敷美観地区」という大きな観光資源があります。

私が駅ビルのリニューアルを素晴らしいと感じるのは、３階建てのかわいらしい新駅舎は、美観地区のイメージにつながる玄関口になっていると思うからです。実際、ＪＲ西日本のデザインコンセプトも、江戸時代の建築物とアール・デコをどちらも意識した和洋折衷でした。

持続可能性の高い地方創生とは

それでは、地方創生はどこを目指すべきなのか。答えは10の自治体があれば10通りになるでしょうから、一概には言えませんが（ただ極力Ｄを目指すべきではないとは強く思います）、ここで参考になるのが先ほどの図表のCゾーンです。

ここに入る自治体としては、山梨県北杜市、島根県海士町（中ノ島）、徳島県上勝町、徳島県神山町、宮崎県綾町などの名が挙げられます。これらは、地方創生第1期の成功モデルとして総務省が調査した自治体や、私が直接事例を見聞きするなどして人口の減少トレンドに負けないような意欲的な取り組みを行っていると考える自治体です。このCゾーンに含まれるのは、自然環境に恵まれ、人口密度の低い自治体です。

そんな特徴を持つ自治体に好事例が目立つ理由も、マーケティング的視点で説明できます。まず、自然の豊かな自治体が、その自然を活かす地方創生を行うことは、持続可能性の高いSDGs的な施策と言えます。

BやCに属する自治体が、AやDに向かうには、都市開発を進める必要があります。ある程度は、そのようにするべき場所、建物もあるかもしれませんが、そのような開発をざっくり括ると「自然を切り開いてビルを建てる」方向性になります。

そして、この方向性には、次の問題点があります。

① 費用が非常にかかる

② 不可逆性が限りなく高い

お金がかかり、「やはり元の自然がよかった」と思っても元通りにするのは不可能で、新しい形の自然を根づかせるにも大変な時間がかかる。さらに、そうして都市化を実現しても、先述したように、魅力に欠けるミニ東京になってしまう可能性もあるわけです。

まず行うべきは「ポジションの明確化」

これらの点を踏まえて、地方創生でまず意識していただきたいのは、自分の自治体のポジションを明確にすることです。「環境負荷の高低」と人口の「集中・分散」で、マトリックスのどのポジションに位置するのかを考えてみてください。

その上で、**できるだけ「自分たちが持っている武器」で勝負すること**です。

自然豊かなら、自然で勝負する。このあと詳しく触れていきますが、SDGs的価値観が広まる中で、自然ほど大きな武器はありません。BやCに属する自治体が、わざわざ環境負荷の高いAやDを目指すのはおすすめできません。

これは逆側にも言えることです。環境負荷が高い側から低い側に向かう戦略もお金がかかりますし、人工的に魅力的な自然をイチからつくり上げるのも無理があります。実現可能な都市部の緑化などはともかく、Dゾーンの自治体がCゾーンを目指すのは難しいでしょう。

先ほどDゾーンに手厳しい表現をしてしまいましたが、それは「Dゾーンを目指そうとする地方創生の戦略」についてです。

いま現在、Dに分布される自治体は、周囲の自然豊かな自治体から見ると「便利な都市部があっていいな」と羨ましがられる存在です。DからAを目指すのは、無理があるので避けるべきだと私は考えますが、その利便性と、そのまちならではの歴史や、都市部周縁の自然などを効果的に組み合わせ、手持ちのカードで勝負するべきだと考えます。


また、持続可能性は、先ほどの図表12の下段に分布する都市型の自治体にとっても重要です。都市開発の難しい点は、土地に限りがあるため、すでにある建物の代わりに新しい建物をつくるような施策が基本になる点です。

全国で頻発する問題として、明らかに失敗と感じるハコモノの例を考えてみましょう。

「せっかく建てたのにすぐ仕切り直すのは無理」とサンクコストに囚われてしまい、代わりの施策を打ちにくくなります。契約などの問題で「少なくとも○年までは使うしかない」といった原因もあるでしょう。そうなると、失敗したものを抱え続けなければいけません。

そして、建て替えを前提としたまちづくりの問題は、「莫大なコストをかけて建て替える」「建て替えせず空き店舗のまま放置し続ける」の二択となり、多くの場合「空き店舗のまま放置し続ける」という選択をせざるを得なくなって、土地の活気を損なっている点にあります。

また、地方都市の現実として、「借金して建て替えても、いままではともかく、これからは投資回収が見込めない」という状況があります。

そこで建て替えではなく、より低コストなリノベーションによる空き店舗や空き物件の再生を選んだまちがあります。それが鎌倉市の由比ガ浜商店街の再生です。

リノベーションにより空き店舗だった物件が生き返り、さらにその横の空き店舗もリノベーションを行った結果、まち全体の再生へとつなげていきました。全国的に空き店舗に悩む自治体が多い中、私の知る限り「空き店舗ゼロ」のまちは全国に3つしかありませんが、鎌倉市はそのうちの1つです。

リノベーションは建て替えと比べれば明らかに建物の持続可能性を高める取り組みと言えます。そんな**リノベーションが、まち全体の持続可能性も高め、再生へと向かわせてくれるというのも、実にSDGs的**だと考えます。

この点を踏まえると、「つくったら終わり」にならないように適宜手を加え、「まちをアップデートし続ける」という発想の下に、足し引きの可能なデザインが重要だと考えます。

これまでの地方創生における「持続可能性」とは、自治体の人口を維持、ないしは増やすこと定義されていきました。

もちろん、これは最も大切で、意識すべき点ですが、これからの日本社会を考えると、劇的な移民政策の推進などが起こらない限り、人口の減少トレンドは止まりようがありません。移民政策推進にもリスクがあり、私自身は推進するにも第三の道が必要だと思っています。

そう考えると、人口がある程度減っても魅力が減らないまちづくりを意識する。あるいは、人口が減ったときにB・Cゾーンへの変更が可能なプランを策定することが重要になります。なぜなら、交流人口や関係人口を増加させることにつながるからです。

人口だけでなく、計画そのものにも、持続可能性の視点を取り入れることが大切です。

地方創生の人体モデル

もう1つ、自分の自治体の立ち位置を考える上で意識していただきたいのが、人体になぞらえる考え方です。

日本を私たちの体に置き換えて、その中を巡る血液を「ヒト・モノ・カネ・情報」と考えると、それらを巡らせる心臓は東京です。そして、いまの日本は、体の末端が壊死しかけているのに、ポンプ機能だけを増強しようとしている状態と言えます。

しかし、都市の歴史を重ねていく以上の速度で、物流やインターネット通販が進化してしまい、人体の各所のポンプ機能はそこまで求められなくなってしまいました。

ふくらはぎは、人体における「第二の心臓」と言われますが、いまの日本にも、東京のような都市は2~3個あれば十分だと私は考えます。

また、その観点で言えば、すでに第二の心臓はレッドオーシャンになっているでしょう。少なくとも、道府県庁所在地の数、46個もミニ東京はいらない。もっと別の特徴ある器官を目指すべきでは、と思うのです。Cゾーンの自治体で成功例が出ているのも、その流れでしょう。

心臓近くの都市の賑やかな律動を恋しく思う方もいますが、そうではない生活を好む人たちが魅力を感じるのがCゾーンなのです。故・船井幸雄も、最晩年に「常緑広葉樹林に抱かれると元気が出る」と、何度も前出の宮崎県綾町を訪れていました。

日本に数多ある自治体が目指すべき場所はどこなのか。答えは1つではないものの、少なくともほとんどの自治体にとっては、「第二・第三の心臓」ではないと考えます。

QC活動で地方創生をアップデートする

徳島県は、地方創生において全国から注目される事例を多く出しています。

以前からこの事実に注目していた私は、徳島で商工会関係のお仕事をさせていただく機会を得たときに、何か定性的に把握されている理由があるのかと質問をしてみました。

自然豊かで、分散型のまちの評価が上がりやすい社会が来たこともあるにせよ、徳島の自治体の意識的な努力もあるのではないかと思ったのです。

そこで、「これが理由ではないか」と教えてもらったのが、QC活動の実施でした。

「QC（Quality Control）」は品質管理を意味します。主に製造業などで用いられる手法で、やり方もさまざまですが、確実に共通するのは「事実をデータとして残す」ことです。

事実を基にしたデータがなければ、品質管理はままなりません。

徳島の町村部（商工会議所は市の団体、商工会は町や村の団体）では、自分たちの自治体をよくする、アップデートをするという発想を昔から持っており、模造紙に年間の目標を明記して、年度末に振り返る活動を何十年とやってきたというのです。

その結果、年度末に自分たちの失敗や努力不足を突きつけられ、苦い思いをすることも多々あったに違いありませんが、その機会に課題の明確化ができ、その課題を次年度の取り組み目標とすることで解決してきたのではないでしょうか。

このように、**徳島県の町村部で地方創生のモデルと呼ばれる自治体が目立つ背景には、QC活動を通した、長年にわたる地域活性化に関わる取り組みと教育があるのではないか**と考えられます。

コラム SDGsエコノミーがこれからのビジネスをつくる

次ページ図表13は、デロイトトーマツコンサルティングが2018年に発表した、SDGsに関連するビジネスの市場規模を各目標別に試算したものです。

ほかにも、世界経済フォーラムは、SDGs推進によって年間12兆ドル相当の市場機会が生まれ、2030年までに3億8000万人の雇用が創出されると推計しています。

第1章でも述べましたが、ルールや法律ができると、これだけのお金が集まる市場が生まれるわけです。

単に「お金が集まる」と言うと、悪いイメージがあった方もおられるかもしれませんが、ここまで読み進めてくださったみなさんは、少なくとも、アメリカも中国もロシアも日本も賛成するSDGsのような目標にお金が集まるのは、前向きな思いのエネルギーあってのものだと受け取っていただけるのではないでしょうか。

デロイトトーマツの試算でも、特に目立つのは目標7「エネルギーをみんなに そしてクリーンに」の約800兆円という数字です。

多くの方が「解決しなければ」と考える課題には、関心とともにお金も集まります。現状の技術や体制で解決可能なものは「課題」とは言いません。

そんな課題を解決するには、新しい何かを生み出す必要があります。

この「何か」＝イノベーションを生み出すために、人やお金が集まり、市場規模も拡大する。そう考えれば、地球に数多ある問題を広く包括したSDGsに取り組むことで儲けにつながるのは、むしろ当たり前だとすら思います。

課題があるところにこそ、大きなビジネスチャンスが存在しています。

図表13　SDGsの各目標と市場規模の試算(2017年)

目標1	貧困をなくそう	183兆円	(マイクロファイナンス、職業訓練、災害保険、防災関連製品 等)
目標2	飢餓をゼロに	175兆円	(給食サービス、農業資材、食品包装・容器、コールドチェーン 等)
目標3	すべての人に健康と福祉を	123兆円	(ワクチン開発、避妊用具、医療機器、健康診断、フィットネスサービス 等)
目標4	質の高い教育をみんなに	71兆円	(学校教育、生涯学習、文房具、Eラーニング、バリアフリー関連製品 等)
目標5	ジェンダー平等を実現しよう	237兆円	(保育、介護、家電製品、女性向けファッション・美容用品 等)
目標6	安全な水とトイレを世界中に	76兆円	(上下水プラント、水質管理システム、水道管、公衆トイレ 等)
目標7	エネルギーをみんなにそしてクリーンに	803兆円	(発電・ガス事業、エネルギー開発 等)
目標8	働きがいも経済成長も	119兆円	(雇用マッチング、産業用ロボット、ベンチャーキャピタル、EAP 等)
目標9	産業と技術革新の基盤をつくろう	426兆円	(港湾インフラ開発、防災インフラ、老朽化監視システム 等)
目標10	人や国の不平等をなくそう	210兆円	(宅配・輸送サービス、通信教育、送金サービス、ハラルフード 等)
目標11	住み続けられるまちづくりを	338兆円	(エコリフォーム、災害予測、バリアフリー改修、食品宅配 等)
目標12	つくる責任 つかう責任	218兆円	(エコカー、エコ家電、リサイクル、食品ロス削減サービス 等)
目標13	気候変動に具体的な対策を	334兆円	(再生可能エネルギー発電、林業関連製品、災害リスクマネジメント 等)
目標14	海の豊かさを守ろう	119兆円	(海洋汚染監視システム、海上輸送効率化システム、油濁清掃、養殖業 等)
目標15	陸の豊かさも守ろう	130兆円	(生物多様性監視サービス、エコツーリズム、農業資材、灌漑設備 等)
目標16	平和と公正をすべての人に	87兆円	(内部統制監査、セキュリティサービス、SNS 等)
目標17	パートナーシップで目標を達成しよう	NA	(各目標の実施手段を定めたものであるため、対象外)

出典：デロイトトーマツコンサルティング「SDGsビジネスの市場規模」

4 ブルーオーシャンのニッチトップを狙え！

前ページのコラムで触れたように、SDGsの市場規模は確実に拡大していきます。

そこには、確実にビジネスチャンスがありますが、市場規模が拡大するとわかっていれば、SDGsに興味がないライバルも次々に参入してくる可能性があります。

繰り返しになりますが、SDGs経営はニッチ戦略に向いているので、中小企業や小さな組織・自治体の場合は、ただ漫然と「貢献しよう」とは思わず、市場規模が拡大する中でも、自分たちがイキイキと泳げるブルーオーシャンを見つけることが大切です。

SDGsは「戦わずして勝つ」の最適解（業種×17の目標）

そこで試していただきたいのが、次ページ図表14のマトリックスを埋めることです。

自社の業種を横軸に置き、縦軸にSDGsの目標を並べて、できそうなもの、向いていそうなものを考えて、自社が目指すべき貢献を探します。

図表14　戦わずして勝つブルーオーシャン発見マトリックス

	食品製造業	和菓子製造業	洋菓子製造業	製茶業	織物業		
1. 貧困をなくそう							
2. 飢餓をゼロに							
3. すべての人に健康と福祉を							
4. 質の高い教育をみんなに							
5. ジェンダー平等を実現しよう							
6. 安全な水とトイレを世界中に							
7. エネルギーをみんなにそしてクリーンに							
8. 働きがいも経済成長も							
9. 産業と技術革新の基盤をつくろう							
10. 人や国の不平等をなくそう							
11. 住み続けられるまちづくりを							
12. つくる責任 つかう責任							
13. 気候変動に具体的な対策を							
14. 海の豊かさを守ろう							
15. 陸の豊かさも守ろう							
16. 平和と公正をすべての人に							
17. パートナーシップで目標を達成しよう							

横軸▼自社の業種
縦軸▼日々の仕事を通して貢献できる貢献ポイント／チームの年度目標や役割を通して貢献できる貢献ポイント／企業や組織全体の年度目標を通して貢献できる貢献ポイント／企業や組織の理念や哲学からみて貢献できる貢献ポイント

加えて、ライバル企業の分析もしてみましょう。自社にできて、ライバル企業にできない場所があれば、そこがＳＤＧｓ経営をするべき「戦わずにして勝てる土俵」になります。

ここで重要になるのが、このマトリックスも常にアップデートしていく意識です。

仮にブルーオーシャンを見つけて、自社が成功を収めたなら、真似をする同業他社が現れて、その土俵がレッドオーシャンになる可能性が高いと言えます。その兆候を感じたら、新たなブルーオーシャンを探してください。

そこでポイントになるのは「**細分化**」です。

業種の中身を細分化して考える。あるいは、縦軸を細分化して、１６９のターゲットから考えて、まだブルーオーシャンである場所を探すのです。

それでも、再びレッドオーシャン化することもあるでしょう。

そんなときも、やるべきことは1つ。もう一度細分化して、マトリックスを埋める。

仮に自社がハウスメーカーとして、木造住宅をつくるにしても、北欧風、昔ながらの和風、日本の木など木材にこだわる――等々、細分化した横軸の中身も、細かく分類されたフィールドがあります。そこでブルーオーシャンを探しましょう。

私がこのようなお話をすると、「逃げ」の戦略と思われることもあるのですが、そうではありません。

自社の土俵のレッドオーシャン化は、「市場規模の拡大」とセットです。細分化するのは拡大した市場においてのこと。成長期から成熟期へと進んだ結果としての新たな細分化は、事業規模の縮小を意味するとは限りません。

細分化市場は、往々にしてその後の数年は市場規模を拡大しながら成長していきます。

ライフサイクル理論に置き換えれば、**成熟期となり市場の成長が頭打ちとなった市場は、細分化することでそれぞれが新たな成長期を迎える**と言い換えられるからです。

また、仮に縮小を伴うとしても、レッドオーシャンに居続けてコモディティ化に巻き込まれるほうが、経営上のダメージは大きくなります。

83ページ図表7で説明したように、質の高い利益を上げ続けていても、踊り場に立つ時期はどうしても訪れるものです。その時期を切り抜け、再び上昇トレンドに乗るためにこそ、新たな細分化とブルーオーシャン探しを行うべきだと考えます。

加えて言うなら、細分化と新しい土俵への進出は、「戦わない経営」の継続を意味します。

ライバルと利益を食い合う機会を最大限減らし、みんなで儲け続けられる道を探すこと自体がSDGs的です。縦軸や横軸の細分化を進めることで、初めて気がつくニーズ、見逃していた問題が見つかる可能性が高いのもポイントです。

そんなふうに新しい場所を見つけて、そこを照らすビジネスをすることは、文字通り「一隅を照らす」行いです。そんなビジネスの継続が、国宝となるのです。

このような取り組みをマクロに見れば「世の中の不足をみんなで手分けして埋め合わせ合っている」とも言い換えられます。

これまで競合企業は、市場のパイを奪い合う相手と捉えられてきましたが、ブルーオーシャン化した世界では、世の中の不足を手分けして埋め合う相手と捉えられるようになっていくような気がします。このことを入り口として、「競争の時代」から「共創の時代」へと、時代は移っていくのかもしれません。

自社の「強み」をマトリックスから探す

このマトリックスを埋めるとき、自社の「強み」から考えるのが基本的なやり方になります。

しかし、ビジネスシーンでよく用いられる言葉ですが、「自社や自分の強み」を理解している企業や人はそう多くありません。

また、自信はあるけど結果が出ておらず、「○○だと思うけど、そうは言っても赤字だからなあ」などと考える方もいます。ほかにも、それなりに思うところはあるけれど、「強みだなんて、大層なものは……」などと謙遜する方も珍しくありません。

このようなふわふわした認識になりがちなのは、「強み」が儲けや勝ち負けのような発想につながるからです。だから、自信があっても嫌味に聞こえないかと思い、あまり強く言えない。そして、目に見える結果が出ていないと、「勝っていないから強みとは言えない」といった考えに囚われてしまう……。

そこでおすすめしたいのが、**儲けではなく、貢献目線で強みを探すこと**です。貢献から考えると、他者とのつながりが重視され、敵を生みにくいアイデアやアクションが生まれやすくなります。人に嫉妬されたり、恨みに思われたりする心配がなくなり、伸び伸びと可能性を検討できます。また、みなさんの中に隠されていた本当の強みが、見る角度を変えることで発見される可能性もあります。

たとえば、男性と女性が仕事や待遇の区別なく、イキイキと働いているものの、儲けに目を向けるとほどほどである企業Aがあったとしましょう。そんなA社の中にいると、「ウチはいい空気で、みんな仲良くやっているけど、強みと言えるほどの武器はないなあ」と思ってしまうかもしれません。

一方、近隣の同業で自社よりも利益を上げているB社は、数字は出すもののノルマが厳しく、人の入れ替わりも激しい。残って働き続け、数字を出している従業員も、日々ストレスに晒されて社内の空気が非常に悪い企業だとします。

この例で言えば、ジェンダー問題や働きがいについての貢献において、A社は立派な強みを持っています。その貢献を広くアピールすることができれば、優秀な人材がA社に集まって、儲けでもB社に勝てるかもしれません。

総花的取り組みは「感動」と「成果」を生まない

先ほど、目指すSDGsの目標は1つでいいと述べました。

この理由も、ニッチ戦略から説明できます。

「精力的に取り組んでいる姿を見せたい」という実施する側の思いと、着手されない目標を「切り捨てているのでは？」と思う外野の目線の両面から、すべてに取り組もうとする人は数多くいます。要するに、「全部やろうとする」ことが、すでにレッドオーシャンなのです。

そして、全部やろうとすると、結果的に似た総合戦略になり、目立つこともできません。

また、そもそもある程度の規模以上の企業・自治体でなければ、全目標にしっかりと取り組み、成果を出すのが難しく、ポーズだけに終わってしまうケースが出ます。

ほかにも、すべてに手を出すと、外部から「特徴がない」と見られる可能性があります。

SDGsの取り組みは「知られてナンボ」。発信も大切ですが、知ってもらうには口コミの連鎖も重要です。そして、口コミを広げるには、中身の質に加えて、尖った特徴や、ひと言で紹介できる特徴も大切になります。

メリハリがあるから感動が生まれ、その感動がシェアされやすくなる。

それに、実務的な面で見ても、よほど大きな組織でなければ、結果を出すためにもリソースは一部に集中させるほうがベターです。

必然性があれば、複数の目標に取り組んでもいい

ただし、基本的にはそうするのがベターとは思うものの、絶対に1つの目標だけに取り組むべきだ——と言いたいわけではありません。序章でも紹介しているように、私が関わっている事例でも、複数の目標に取り組んでいるクライアントはいます。

また、17の目標すべてに取り組み、しっかりと結果を出せる企業や自治体もあります。世界的大企業や、東京・大阪レベルの大都市なら、そうするべきである、とも言えるでしょう。

ですから、しっかりとマトリックスを分析してブルーオーシャンの土俵を探した上で、複数の目標に取り組むべきだと思えるなら、それは自分たちの持つ強みが、それだけ多いことを意味します。そのため、必然性のある企業や自治体の場合、複数の目標に同時に取り組むこと自体に問題があるとは思いません。

しかし、その場合に少し気をつけていただきたいのが、自分たちの取り組みの発信方法です。たとえば、すべての目標に取り組む自治体でままあるのが、17の目標に対する優先順位をつけずに、1つの階層でSDGsの目標に国連が振った番号順で紹介し、「よりよい未来をつくるために、SDGsの全目標に取り組んでいます」といったアピールをするパターンです。

誰も傷つけないので批判は回避できますが、SDGsに詳しい人には、特徴も結果も出ない方法論だと見なされてしまいます。

そうではなく、SDGsをよく知った上で、複数分野に着手していることを伝えるには、情報に階層や重みをつけて、次のように提示することが大切です。

①第一階層：当市（町／村）全体としては、17の目標のうち、○番と△番に貢献点があります。

それは、わが市（町／村）の歴史として□□があるからです。

②第二階層：上記以外にも、社会的に解決されるべきであるという問題意識から、差別化を実現できるほどではありませんが、○番の目標にも取り組んでいます。
③第三階層：今後は○番と△番に力を入れることで、その連鎖が□番と◎番にも波及するようなアクションを行い、将来的には○番と◎番を活かしたオリジナルのまちづくりを進め、伝統産業の再生から雇用増加、人口増加を目指します。

まず、①のように、複数の取り組みの中から、特に自分たちの強みと関わりの深いもの、力を入れたいものを提示します。また自治体の場合、強みなどと関係なく、力を入れるべき貧困などの社会問題もあるため、そのような目標がある場合は②のように補記します。

そして、③のように今後のビジョン、起こしたい正の連鎖（第3章で詳しく説明します）などをしっかりと説明できれば、「単にアレコレと手を出しているわけではない」と納得を得やすくなります。

目標を絞ることで、それを切り捨てていると受け取られてしまう懸念がある場合は、ＳＤＧｓの理念、仕組みを説明して、そうではないことを周知するテキストも用意できるといいかもしれません。また、その場合は、近隣でその問題に取り組む民間企業やＮＰＯ法人とパートナーシップを結び、まち全体の取り組みで全目標をカバーする姿勢を提示するのが理想です。

5

SDGsでマーケティングとブランディングが変わる

本章では「マーケティング」という言葉を使ってきましたが、SDGsで消費者に応援され、愛されるのは、ブランド化を目指す取り組みでもあります。

消費者の「好き」がブランドを強く育てる

マーケティングとは「買ってもらうこと（自治体の場合は「人に来てもらうこと」でもあります）」、ブランディングは「好きになってもらうこと」と言えます。

前者は市場を分析し、買ってもらう／来てもらうためのルールを導き出すこと。後者はメッセージを投げかけて、そのメッセージをキャッチしてもらえるようにすることです。

この2つは、どちらも大切で、領域的に近しい部分も多々ありますが、薬にたとえると、**マーケティングは抗生物質的で効き目が出やすい施策**と言えます。多用すると耐性菌が生まれるように、効果が出にくくなります。また、広告的なマーケティングの場合、インターネット時代においては、中身の魅力が肝心。いかに広告そのものが優れていてもファンを獲得できません。

一方のブランディングは漢方薬的な施策です。一朝一夕でブランドは確立できませんが、じわじわと体を強くしていく。最終的には薬＝細かい分析や広告を用いずとも、勝手にファンがついてきて自立できる状態を目指し、理想とするものです。

マーケティングとブランディングの壁が溶けてなくなる時代

本来なら、マーケティングとブランディングは両立されるものでしたが、近年はブランディングが重視されるようになっています。

なぜなら、マーケティングが敬遠され、あざとさを感じる方が増えているからです。

情報源がラジオやテレビしかない時代は、広告も娯楽の一種で、いまも語り継がれる名キャッチコピーや、短い映画のように愛されるテレビCMがたくさん生まれました。

しかし、インターネットによって選択肢が劇的に増え、また劇的に増えたために、魅力を感じるのに手を出せない選択肢までもが、山のように積み上がっているのがいまの時代です。

そんな状況で、興味のない企業や商品の広告を見せられるのは、多くの方にとって苦痛になっています。ネット広告にも言える話ですが、まだネット広告は5秒くらい見た後はスキップできるものが多く、ターゲット設定によって興味のある広告が出るケースもあります（好きな企業の広告なら、それも情報として楽しく受け取れる）。

要するに、いまを生きる人たちは、自分の「好き」に時間を使うので精いっぱい。SNSなどで簡単につながり、シェアできることで、個人の「好き」の価値、強さがどんどん上がっています。一人の消費者がつぶやいた購読ツイートがあっという間に広がり、絶版になっていた書籍が復刻されるようなケースが日々起きています。

そんな時代においては、マーケティングの広告的観点から見ても、きちんと中身を見てもらい、好きになってもらうブランディング的手法が、最も効果的だと考える向きが、宣伝広告に携わる側にも増えています。

結果、マーケティングとブランディングの壁がなくなり、マーケティングをブランディングのように行い、ブランディングをマーケティングとして行うような時代になっているのです。アップルのCMは、ブランディング的広告の典型例と言えます。

「好き」に直結しやすいSDGs

SDGsの悪口は誰も言いません。

敵がいないので、「好き」を生み出しやすく、ブランディングとの親和性が高いのです。

ただし、底の浅いSDGsアピールでは見抜かれ、むしろ評価が下がるので要注意です。現代の消費者のみなさんの「好き」の熱量は、凄まじいものがあります。ちゃんと自分がやりたいこと、できそうなことをやって、好きになってもらえるよう、伝わりやすくアピールする必要があります。

私がクライアントのブランディングに携わるときは、「納得」をキーワードにしています。

「好き」や「感動」につながるために必要な心の動きを、「理解」で50％、「納得」で100％と私は考えます。理解は頭蓋骨の中の脳内だけで起こる話、納得は脳内で理解した内容が胸にストンと落ちることだと定義しています。

ブランディングを実現するには、腑に落ちる「納得」レベルのSDGsが求められます。

それでは、どうすれば腑に落ちるのか？

前項の最後でSDGsの周知の仕方に触れたばかりですが、企業や自治体のSDGsについてのウェブサイトの説明や、冊子などの内容は、残念ながら理解レベルまでのものが多いと感じています。

効果を生み出す納得レベルのSDGsは、バックキャスティング（逆算）にあると私は考えます。前項でも触れたように、正の連鎖を生む考え方として、次章でしっかりと解説します。

SDGsによるコモディティ化対策

ブランド化の最大の効果は、品質を評価・信頼してくれるファンがついて、高価格でも売れるようになることです。SDGsで高品質の商品・サービスを高価格で売れるようにできるのも、**SDGsがブランディングにつながる**からです。

1990年代以降、多くの企業や組織がコモディティ化（日用品化）に悩んでいます。ディスカウントストアやコンビニエンスストアの、安くて質も高いプライベートブランド（PB）商品の勃興は、消費者目線ではありがたいものの、コモディティ化は価格と利益を下げ、赤字を増やし、企業の寿命を縮めるので、同業の経営者目線では大変な試練です。

また、競合が少なかった時代は魅力的に見えていた商品・サービスも、コモディティ化し、PB商品のような強力なライバルが増えると、消費者目線では平均的なモノ・コトになってしまい、ブランディングの観点からもダメージが大きいです。

とはいえ、経営者からすると、そんなことは百も承知でしょう。しかし、ブランディングは難しいので、高品質・高価格の商品やサービスを開発できずに、コモディティ市場で戦うしかない企業がほとんどであると推測します。

ＳＤＧｓは、そんな企業の救世主となるかもしれません。

繰り返しになりますが、消費者の目は肥え、厳しくなっているので、ＳＤＧｓをやれば成功するとは言えません。

しかし、有機ＪＡＳ認証を受けた茶園清水屋のシングルオリジンのお茶や、小林ふぁ〜むのとまとのじゅ〜す、「かわい」の江戸時代の製法でつくったこんにゃくといった事例を見れば、ＳＤＧｓ経営の成功は、コモディティ市場からの脱却とブランドの確立を意味することはご理解いただけるでしょう。

第3章

「人を集める」ための実践ノウハウ

1

いまや「モノの良さ」を前に出しても効果は薄い

この章では、SDGsによって、応援・注目・来訪といった「人を集める」ためのポイントを解説していきます。

まず意識したいのは、「スペック・機能の競争からの脱却」です。

スペック・機能による差別化自体がレッドオーシャン化する時代

序章のさんさん山城のコミュニティカフェについて触れた部分で述べたように、競争が激しいジャンルにおいて「品質」は重要です。ただし、それはエントリーのための最低条件です。人を集めるには、そこから何かで差別化を図る必要があります。

しかし、コモディティ化が激しく、また、資金と技術に優る大企業が、PB商品などでコモディティ市場の平均レベルをどんどん押し上げる時代に、品質で差別化するのは至難の業です。

実際に、現在コモディティ市場で苦戦する中小企業の多くは、品質勝負の土俵に引きずり込まれてしまっているのではないでしょうか。

消費者はいま以上の品質向上を求めているのか

そもそも消費者は、平均レベル以上の品質向上を求めているのでしょうか？

私は、最低限の品質があれば、それ以上は特に求めない人たちが多いと分析しています。また、品質を求めるにせよ、その方向性が変わりつつあると考えます。

昔は、「平均的な品質より上」の品質なら、十分に求められ、多くの同業他社と差別化できた。しかし、**いま本気で商品やサービスの品質を求める方は、とことん自分に刺さるもの――「好き」を求めている**と感じます。

さらに、2010年前後くらいから、求める品質の中身にもう1つの大きな変化が起こってきました。それが、「モノ売り」から「コト売り」への変化です。

消費して終わり、ではなく、自分事の体験をいかに提供できるか――。

モノを売っていた企業が、体験型のサービス業になるわけではありません。「モノ」を使ってもらった結果、どんな体験をして、喜んでいただけるか」という話です。

たとえば、とても軽い電化製品を開発できたとして、その技術的な素晴らしさをアピールしても消費者には刺さりません。そうではなく、その軽さがユーザーにどんな便益をもたらし、新しいライフスタイルを提供できるのかをアピールするのが大切な時代になっているのです。

モノからコトへの移行自体は、前述のように10年以上前から言われていたことです。しかし、日本企業は、体験勝負を苦手としてきました。技術は優れていても、白物家電やスマートフォン市場で大きなインパクトを残せないのも、その点に問題があったわけです。

「モノからコトへの移行」のわかりやすい例としては、バイクメーカーのハーレーダビッドソンが挙げられます。

バイクにあまり興味がない方は、燃費のよくない、乗りにくい大型バイクと思われるかもしれませんが、ハーレーのバイクは、ひと目でわかる特徴・スタイルがあります。

１９９１年から２００９年まで、ハーレーダビッドソンジャパンの社長を勤めた奥井俊史氏は、モノに対する好みだけで消費者を惹きつけられるのは限定的であるとし、ハーレーの大型バイクがある生活や楽しみ方というコトを売る「ライフスタイルマーケティング戦略」を打ち出し、約20年間、右肩上がりで売上を伸ばしてきました。

SDGs的モノ売りとコト売り

もちろん、多くの経営者やマーケターは、そのような理屈は理解しています。ただ、魅力的なコト・体験の提案は簡単なことではないのも事実です。

ところが、SDGsはその難易度を大きく下げてくれます。なぜかと言えば、**SDGs経営を応援することは、必ず何かしらの体験・感動を生む**からです。

たとえば、一般的な栽培法のリンゴと、より地球に優しい栽培法のリンゴが同じ美味しさであったとします。そのリンゴを食べたら、私たちは「美味しい」と思います。

そもそも論で言えば、この「美味しい」も立派な体験なのですが、平均レベルが上がったことで、どんな商品でもその感動をある程度は得られるようになったことから、差別化が難しくなっています。

いま現在、リンゴで「コト売り」をするには、偏差値70レベルの、リンゴが苦手な人でも食べられる美味しさか、一般的な「美味しさ」にプラスアルファの何かが必要になる。

そこで地球に優しい製法のリンゴを食べると、「美味しい上に、地球環境にも貢献できている」という喜びが生まれる。

これこそが、SDGsの強みです。

平均レベルの品質は必要ですが、それ以上の品質を無理に追求するよりも、コト売りで勝負する。言い換えるなら、**品質向上の方向性を、コト売りにつながるものに定めること**が重要になります。

そして、もう1つ大切なのが、「コト売りの差別化」も常にアップデートが必要になるという点です。

みなさんがSDGs経営で成長トレンドに乗って成功したとしても、その成功が他社の参入を招き、その後のレッドオーシャン化を招くかもしれません。

そのときは、また新たなコトの武器を探さなくてはならなくなります。

ハーレーダビッドソンジャパンも、近年は燃費の向上などに取り組み、「持続可能社会への取り組み」を打ち出しています。

同じように、SDGs経営を継続する上でも、「お客様により良い体験をしてもらう」ことを意識しつつ、常にブルーオーシャンを探し、必要に応じて自社の土俵を変えるということも大切です。

コラム　ヒット商品開発の最新ルール「SDGsアプローチ」

先ほど説明したコト売りは、「世界観を売る」と言い換えられます。

商品やサービスの利用者が良質の体験を得られるのは、その世界観に魅力を覚えているからです。ハーレーダビッドソンは、まさに世界観を売るバイクと言えます。

SDGsとコト売りの相性が良いのも、「貢献したいSDGsの目標とその根拠」を明確に提示できれば、自ずと世界観を提示できるからです。

環境に優しい農法で作物をつくる農家なら「持続可能性の高い、豊かな自然が未来にも残る社会」を、女性従業員の雇用や出産後のキャリアパス・報酬に影響が出ない仕組みづくりに力を入れる企業なら「ジェンダーギャップのない社会を目指すメッセージ」を、それぞれ消費者は感じるはずです。

SDGs経営に取り組む場合は、自分たちの施策に、そんなメッセージが感じられるかどうかを分析しながら、企画開発を進めるとよいでしょう。

前項で述べたように、スペックや品質の重要性は年々下がっています。絶対的に見れば、商品力も変わらず大切ですが、「世界観」の重要性が年々増すことで、相対的に価値が下がっているのです。現状では、商品力7対世界観3くらいのバランスだと私は考えていますが、この傾向は気候変動や新型コロナウイルスへの危機感なども追い風となり、10年後には5対5になると推測しています。

これはあくまでも平均値なので、場合によっては、世界観が圧倒的に魅力的なものであれば、商品力はもっと少なく、1対9くらいでも売れる商品やサービスも出てくるでしょう。

7対3から5対5、あるいはそれ以上。そのくらいの感覚で、魅力的な世界観を消費者に感じてもらえるようなSDGs経営を意識してみてください。

2

「地方」「金なし」「人が来ない」の逆境をはね返す

前項では、「モノ売りよりもコト売り」という流れの中で、ＳＤＧｓが効果的であることをお伝えしました。このコト売りのヒントになるのが、実際に人を集めた地方の成功事例です。

ソフトに着目した地方の展示館のチャレンジ

２０１４年から始まったいわゆる第１期地方創生の際、政府は２０１４年度末までに地方版総合戦略を作成するように、各自治体に指示を出しました。その時期に、私は長野県の坂城町《さかきまち》からセミナーの依頼をいただきました。

そこから得たご縁で見聞きし、非常に興味深かったのが、同町にある「鉄の展示館」のチャレンジです。

刀匠《とうしょう》であった故・宮入行平《みやいりゆきひら》氏が国の重要無形文化財保持者（人間国宝）に認定され、名誉町民第1号となっている「刀匠の町」坂城に２００２年につくられた鉄の展示館は、２０１５年に大きな転機を迎えます。

前年に亡くなられた俳優の高倉健氏は、宮入行平氏のご子息・宮入小左衛門《こざえもん》行平刀匠と親交が深く、そのことや鉄の展示館の存在を知っておられたご遺族が、相続した高倉氏の愛蔵品を小左衛門行平刀匠に託し、それらが鉄の展示館に寄贈されることになりました。

それが７月のことで、９月には『高倉健さんからの贈りもの（日本刀）』と題した緊急特別展示を行ったところ、大きな反響を呼びました。

さらに、その閉幕からわずか10日後には、全国の刀匠による、人気アニメに登場する武器や世界観にインスパイアされた作品を展示する巡回展『ヱヴァンゲリヲンと日本刀展』を同館でも開催。町村部の自治体が運営する展示としては異例の1万人を大きく超える入館者を集めたのです。

同じく２０１５年にリリースされた、日本刀を男性に擬人化した「刀剣男士」が登場するゲーム『刀剣乱舞――ＯＮＬＩＮＥ――』の大ヒットという追い風も受け、鉄の展示館は同ゲームを愛する日本中の「刀剣女子」からも注目される施設となりました。

この**「好き」の力は、第2章でも述べたように、これからのビジネスや地方創生の鍵となるもの**で、栃木県足利市でも、同様の成功事例が生まれています。

足利市の文化部が刀剣女子を呼べるようにと展示を企画し、2017年の3月4日から4月2日まで、足利市立美術館で開催された特別展『今、超克のとき。山姥切国広《やまんばぎりくにひろ》　いざ、足利。』は、『刀剣乱舞』とのコラボレーション企画や、日本刀の展示なども含まれており、大変な大成功を収めました。

なんと、2015年度の1年間の入館者数が2万4885人であった美術館に、1カ月で3万7820人が訪れたのです。来場者の約94%が女性で、刀剣女子の「好き」の強さを思い知らされる素晴らしい成果です。

たくさんの人を呼ぶためにこそ、ターゲットを絞り込む

このような大成功にも、SDGs的要素が隠されています。

坂城町の山村弘町長は、富士通に入社し、同社の事業推進担当理事や米国子会社の社長を務めたり、放送大学の特定特任教授や、東京都杉並区が「日本の教育を立て直すためには、まず小学校の先生の育成から」と考えて設立・運営していた杉並師範館の塾長を務めたりと、非常にユニークな経歴をお持ちの方です。

山村町長は私より年上なのですが、自治体の首長と言われても、良い意味で信じられないほど柔軟な発想の持ち主で、『エヴァンゲリヲンと日本刀展』などは、「秋葉原にいる人が、坂城町に来てくれるように」と考えて、招聘されたものです。

これらの事例には、大切なポイントが2つあります。

1つは、ハードに投資せず、ソフトに力を入れて、**「学習として見るもの」と思われがちな展示を、ソフトの力を借りてエンタメ化したこと**です。

鉄の展示館にもっと人を集めたいと考えるときに、ハードを建て替えるのは最後の手段です。お金や資源を浪費することなく、元からあった町の歴史・文化の部分に力を入れて、ソフトパワーと組み合わせて人を呼んだ試みは実にSDGs的です。

そしてもう1つは、「秋葉原にいる人が、坂城町に来てくれるように」という坂城町の運営ビジョンや、「刀剣女子を呼ぶ」と定めた足利市の目標のように、**ターゲットを明確に絞り込んだこと**です。

経営の世界では、ターゲットのビジョンを明確にして、絞り込むのは当たり前のことですが、自治体レベルの取り組みだと、「いろいろな人に来てほしい」と考えるあまりに、そこがぼやけてしまいがちです。

しかし、総花的な取り組みは、ハイレベルでも特段印象に残らない定食のように、どの層にも刺さらずに終わってしまう可能性があります。

移住推進策などで失敗に終わる自治体なども、「どんな人なら、わがまちで喜んでくれるか、イキイキと生活してもらえるか」というイメージの深掘りの部分が弱いと感じます。

地方創生の成功事例は、このようなターゲットの絞り込みを、必ず明確にしています。

赤字や来館者の減少に苦しむ、自治体が運営する博物館や美術館はたくさんあるはずです。ぜひ、人を集める取り組みを考えるときは、その土地が元から持っているものをベースに、ターゲットを明確にした企画を考えてみてください。

CNN「世界の夢の旅行先」に選ばれた日本で唯一の植物園

日本の多くの自治体が、「いま持っているもの」で勝負する上で、参考にしていただきたいのが、栃木県足利市の「あしかがフラワーパーク」の事例です。

2018年には、JR両毛《りょうもう》線に新駅・あしかがフラワーパーク駅ができるほどの成功を収めている同園は、アメリカのニュース専門チャンネル・CNNが選んだ2014年「世界の夢の旅行先」のベスト10に日本から唯一選出されるなど、国際的にも注目を集めています。

私が同園の早川慶治郎会長にお会いしたのは、銀行主催セミナーに講師で呼ばれたのがきっかけです。そして、ご縁をいただいて以降、たびたび私が驚かされているのが、早川会長の手腕です。

第1期地方創生が始まったばかりの時期、まだ東京・大阪・北海道・沖縄以外で、旅行客を集めるにはどうすればいいのか——と多くの人々が頭を悩ませていた時期に、年間来場者数が100万人を突破していたあしかがフラワーパークは、大げさではなく日本中の自治体や政府関係者の注目を集めていました。

なぜ、あしかがフラワーパークは、これだけの成功を収められたのか。

大前提として、重要なのは「自然」を観光資源とする意識です。

いまでは、デービッド・アトキンソン氏や、星野リゾートの星野佳路《よしはる》代表などの影響もあり、自然観光に対する理解も少しずつ広がっています。しかし、早川会長ほど、以前から自然観光の力を信じ、実践されてきた経営者はそういません。

自然豊かな土地に住む人は、ついそれを当たり前のものだと思いがちです。自然観光を武器にする発想がなかったという方は、ぜひ成功事例を調べて、そのポテンシャルを感じていただければと思います。

さらに、あしかがフラワーパークは、その自然という武器を最大限に活かすための戦略を、実に理路整然と策定・実行しています。

早川会長は、同園の最大の魅力である藤棚に最も感動するのは、藤の木がない亜熱帯気候に住む人たちであると考え、その中でも、旅費が高くならない近距離の国として、台湾にターゲットを定めて徹底的に広告を出しました。その効果の大きさは、私が台湾の方に同園のことを話すと、それだけで驚かれ、一目置いていただけるほどです（笑）。

その他にも、メインの草花以外の時期に人が減りがちな植物園の問題点を解消するべく、藤以外にも7つのテーマを定め、計8つの花の季節を設定し、各テーマに合わせてさまざまな花木が園内を彩る庭園をつくっています。

そして、植物園がもう1つ苦手としているのが、日の陰る夕方以降の時間帯です。あしかがフラワーパークは、この時間帯も来園者が楽しめるように、夜に幻想的で美しいライトアップを実現しています。春の「藤のライトアップ」と冬の「光の花の庭」はともに日本夜景遺産に認定されています。1つの施設からの2つのライトアップ夜景遺産の認定は同園が初めてです。

全国47都道府県すべてに植物園はありますが、あしかがフラワーパークの集客力は群を抜いており、コロナ以前は来場者数も年間150万人を突破していました。

「人を呼びたい」と考える企業や自治体のみなさんに、「**自然の豊かさと、見事な戦略が噛み合えば、これだけ人が呼べる**」ということは、強く訴えたいところです。

「自然に過剰に手を入れずとも人を呼べる」という認識が広がれば、それだけで未来が良いものになり、社会の持続可能性も高まるはずです。

3 実践SDGs いまの取り組みを分析しよう（フォアキャスティング分析）

ここまでは考え方をメインにお伝えしてきましたが、ここからはSDGsの取り組みを具体的に見つけていくための分析手法をお伝えします。

それが、第2章で「効果を生み出す納得レベルのSDGsは、バックキャスティング（逆算）にある」と触れた「バックキャスティング分析」です。

本項では、その説明の前段として、現在から未来を予想する「フォアキャスティング分析」について説明します。

SDGsの重要ワード「連鎖」

SDGsにおいて、「連鎖」は非常に重要だと序章で述べました。フォアキャスティング分析や、バックキャスティング分析も、連鎖の経路をたどるような分析手法です。

また連鎖は、SDGsを抜きにしても、ビジネスや地方創生の施策を魅力的なものとするためにも、必要不可欠な要素です。

ルネサンス期のイタリアで、絵画以外にも人体の解剖スケッチを行うなど、さまざまな分野を切り開き、知識を広げたレオナルド・ダ・ヴィンチの天才性も、連鎖あってのものと私は考えています。彼が見出した明暗法も、絵画を離れて、光の研究をしていた時期に見出したものだと言われます。

世界で最も有名な絵画の1つであり、彼が亡くなるまで傍らに置き手を加え続けた『モナ・リザ』も、そのようなさまざまな知見の連鎖の集大成であったと感じます。

さまざまな分野に手を出し、研究を重ねたダ・ヴィンチは多作な作家ではありませんが、生涯をかけて絵だけを描き続けるよりも、結果的に偉大な作品を残しているように思うのです。

歴史に残る万能の天才のエピソードは、少し唐突に感じられるかもしれません。しかし、私は読者のみなさんにも、連鎖を意識してどんどん自分の世界を広げていただきたいと考えています。

当たり前の話かもしれませんが、ビジネスや地方創生において、ダ・ヴィンチのような天才である必要はありません。それでも、連鎖を意識することで、爆発的に世界が広がることがあります。

イノベーションは、純粋なゼロイチの発明である必要はなく、携帯電話とパソコンを組み合わせたスマートフォンのように、「既存のアイデアの掛け合わせ」からも生まれるとよく言われます。

同じように、自分のこれまでの武器と、別の何かを連鎖させる。

そして、もしかしたら、その「何か」は、ＳＤＧｓであるのかもしれません。

連鎖で重要なポイントは、「**自分の持ち物同士でなくても起こせる**」という点です。

ＳＤＧｓの17の目標を、自分一人でカバーするのではなく、1つの目標に注力する自治体や民間セクターの力を束ねて達成を目指してもいいように、他者と連鎖を生むこともできる。

鉄の展示館や足利市立美術館がたくさんの人を集めることができたのも、まちの持つ歴史や文化に、『刀剣乱舞』や『新世紀エヴァンゲリオン』というコンテンツと、それを愛するファンの方々という掛け合わせがあってのものです。

ここで大切なのは、外部との幸福な連鎖を生むには、適切なタイミングがあるということです。鉄の展示館のみなさんや坂城町の山村町長が、どれだけ先進的な考えを持っていたとしても、『刀剣乱舞』がリリースされる2015年より前だったら、先述の成功例は生まれなかったかもしれません。

このような連鎖はイノベーティブな成功を生みますが、幸福な連鎖を起こせる相手と適切なタイミングで出会うには、常にダ・ヴィンチのように自分が興味を感じる分野に好奇心を向けていることが大切です。それがさまざまなヒト・モノとの出会いにつながり、コラボレーションのチャンスを生みます。

第2章で述べた、インプットとアウトプットの循環サイクルを持つことの重要性が、あらためてご理解いただけるのではないでしょうか。


そして、SDGsに話を戻してみると、このような「正の連鎖」を起こし続けなければ、もはや地球の危機は待ったなしと言えます。だからこそ国連も、連鎖を非常に重要視しています。

SDGsの17の目標のゴールに到達するための連鎖は、ダ・ヴィンチのように、一個人、一組織の中でも起こせますが、それには時間がかかります。他分野の研究に没頭して、絵筆を動かす手を止める猶予が、地球や社会に残されているとは限りません。

2030年というゴールに向けて、より短い時間で連鎖を起こし、地球の持続可能性にイノベーションを起こすには、外部の人・企業・組織などとの連鎖を生むしかないと私は考えています。

みなさんの事業にイノベーションを起こすためにも、地球や人類を守るためにも、正の連鎖を起こそうではありませんか。

負の連鎖が問題を深刻化させる

では、実際にフォアキャスティング分析の例を、SDGsの目標とセットで示していきます。

ここで取り上げるのは、アフリカのチャド湖です〈図表15〉。

ニジェール・チャド・ナイジェリア・カメルーンにまたがっていた広大な湖は、いまや見る影もありません。国連大学ウェブマガジンの記事によると、1963年から2001年までの間にその面積の95％が失われたそうです。

分析と言うよりも、すでに起きている悲劇を

図表15 チャド湖の面積の破滅的な縮小

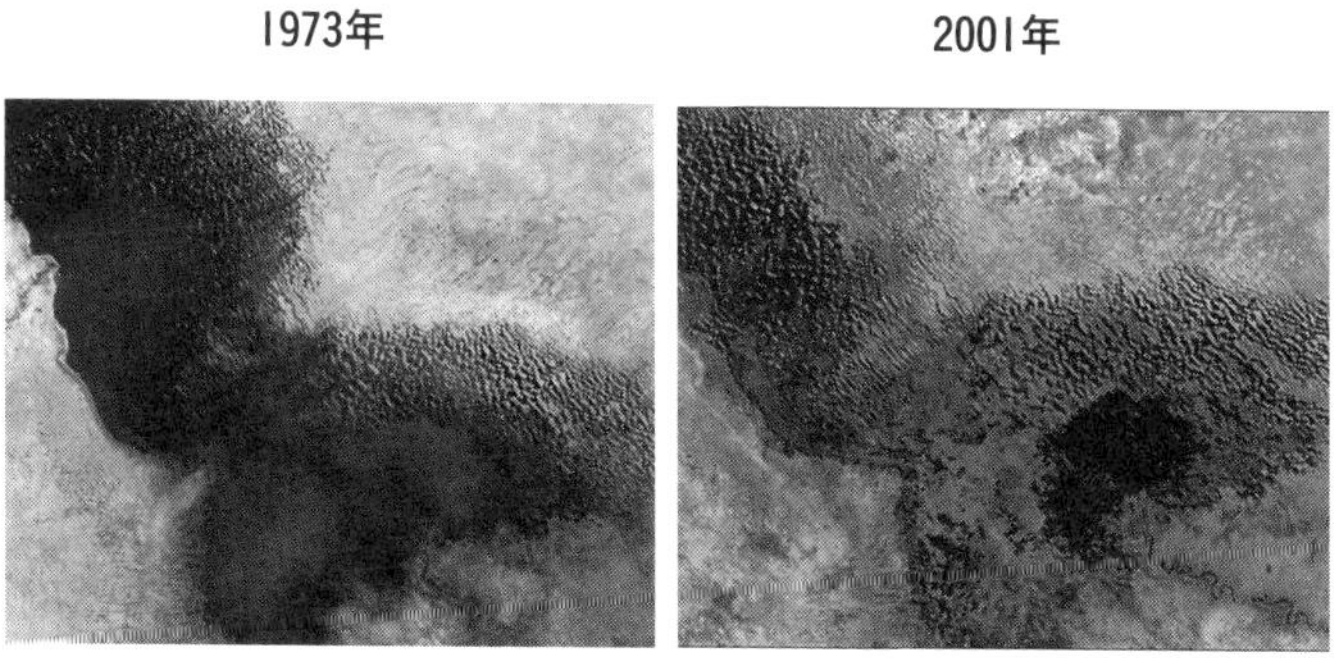

1973年と2001年の衛星写真。2001年の時点で、湖は写真中央右下の色の濃い部分しか残っていない

なぞる試みかもしれませんが、連鎖の恐ろしさがよくおわかりいただけると思います。連鎖の力はマイナス方向にも容易に働き、ときには地球や社会を簡単に壊してしまう。正の連鎖は、負の連鎖を防ぐ行動とも言い換えられます。

連鎖のイメージを図表16に示しますが、本書冒頭にカラーで掲載した「17の目標」を参照していただくと、よりわかりやすいかもしれません。

湖の面積が減っていくのは、「15 陸の豊かさも守ろう（以下、その他の目標も含め、1度目以外は番号のみで記します）」に反するものです。

「15」の悪化が進むと「6 安全な水とトイレを世界中に」に連鎖します。「6」の悪化の影響が最初に出るのは子どもたちです。水汲みが必要になり、そのための労働力として求められるからです。片道30分の道を1日に4往復もしなければいけない子もいるそうです。

それまで不要だった遠方への水汲みが発生すると「4 質の高い教育をみんなに」に連鎖します。

「4」を受けられない子どもが増えると、「8 働きがいも経済成長も」に連鎖し、数年後、この子どもたちが生産年齢となったとき、雇用機会や得られる報酬額に影響します。

「8」を得られない人が増えると、「10 人や国の不平等をなくそう」に連鎖します。

ここまで連鎖すると、貧困に陥る人の増加は避けられません＝「1 貧困をなくそう」。貧困状態が広がれば、飢餓＝「2 飢餓をゼロに」や病気＝「3 すべての人に健康と福祉を」に直結します。

そして、「1」の蔓延を改善できないと、さらに飢餓や病気が広がり、さらに貧困に苦しむ人が増えるので、「1」→「2」→「3」→「1」……という悪しきサイクルが生まれます。陸の豊かさの毀損を防げないことで、ここまで負の連鎖はつながってしまうのです。

負の連鎖は、さらに紛争など、他にさまざまな悪しき現象につながり

図表16 SDGsの「連鎖」のイメージ

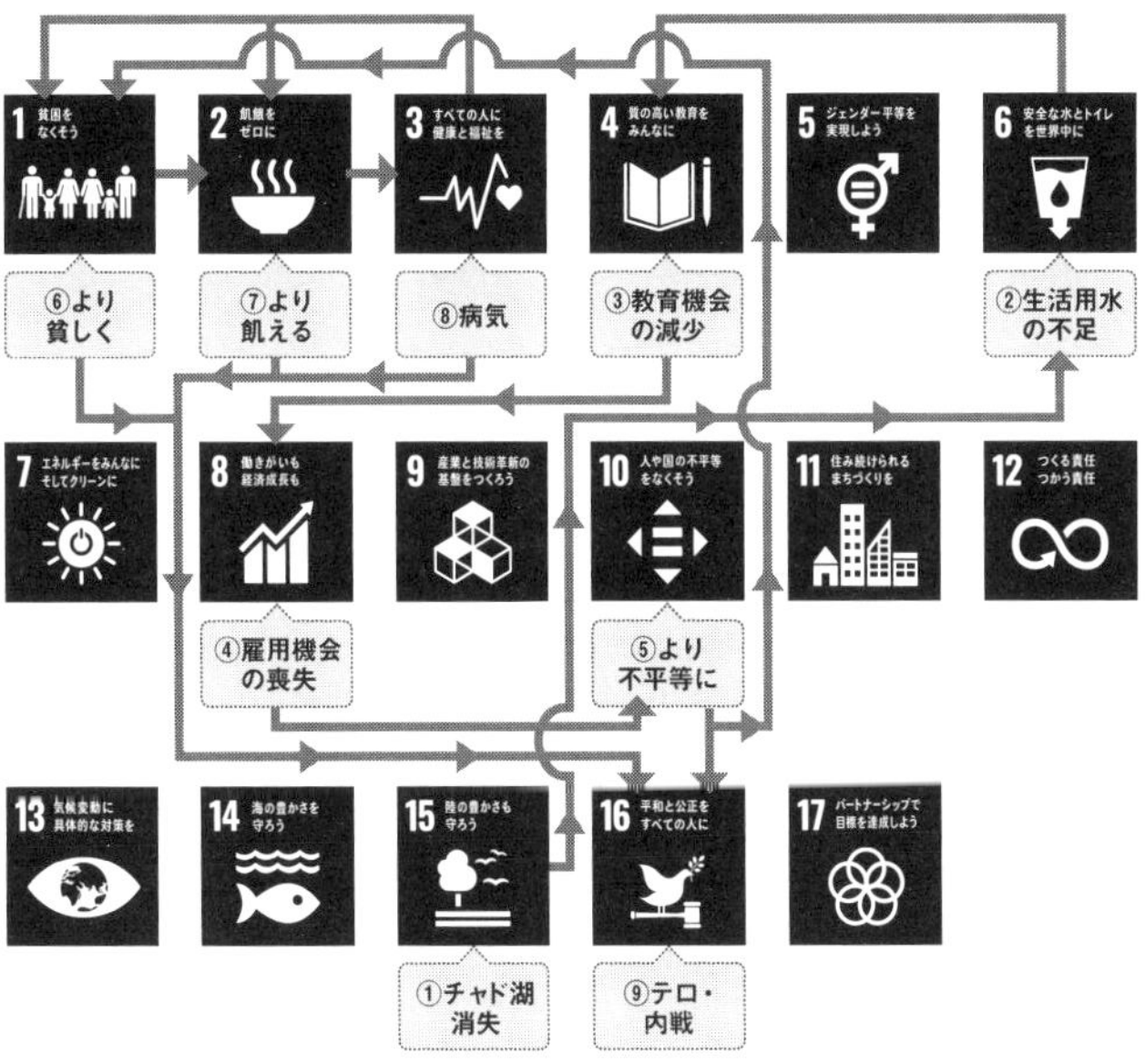

ます。

テロや内戦が起これば「16 平和で公正な社会」にも飛び火し、それがより貧困を悪化させます。

いかがでしょうか？

水がなくなることで、貧困や戦争にまで連鎖するとわかると、逆にどんなに小さなものでも、みなさんにできるＳＤＧｓ的な取り組みが、世界平和にすらつながると感じていただけるのではないでしょうか？

実際、貧困が原因で、雇用を生み出せない国や地域では、銃を持って戦う以外に稼ぐ手段がないところもあるようです。そして紛争地のある組織では、戦闘員の半数以上が「収入を得る仕事」として、仕方なく銃を手に取っているのだと言います。

このような地域では、雇用を生み出しさえすれば、戦争や紛争をすぐゼロにするのは困難だとしても、銃を持って殺し合う人たちの人数を半分にできるかもしれない。

このように捉えれば、私たちが日常で取り組むＳＤＧｓのアクションの意義の大きさがより説得力を持って感じられるのではないでしょうか。

ちなみに、この事例では負の連鎖の広がりを見ましたが、フォアキャスティング分析で正の連鎖を考える場合は、同じ順番でプラスの方向に考えれば大丈夫です。

企業がいま仕事を得られていない方の雇用に力を入れれば、「8」の貢献になり、「10」の貢献にもつながります。自社だけでは小さな力でも、志を同じくする人たちと連鎖すれば、「1」の貧困の解消につながり、「2」や「3」の解消にもつながります。

4

ビジョンを現実化させるSDGs的アプローチ（バックキャスティング分析）

続いては、バックキャスティング分析を解説します。

フォアキャスティング分析とバックキャスティング分析の違いは、分析する順番だけではありません。フォアキャスティング分析は、現状をベースに、現実からの積み上げで目標達成を狙う取り組みです。SDGsにおいては、「現状からの問題解決」を積み重ねて、持続可能性を高めるための手法として紹介されています。

現実的である反面、目に見えるもの、手が届くものから発想していくので、「できそうな目標」がゴールになりやすく、イノベーションが起こりにくいという問題点もあります。

飛躍を生むバックキャスティング分析

一方、**バックキャスティング分析は、「目指す将来像」から逆算して発想する**という形になります。

現状からの積み上げではなく、最終ゴールから発想し、そのゴールに到達するために解決が必要となる問題を探すのが最初の一歩です。そして最初の一歩が決まったら、その一歩を踏み出すために、必要なもの、解決が必要な課題などを考えていきます。

取り組みレベルは格段に高くなり、現状からの発想だと、とても無理だと感じられることも多々ありますが、バックキャスティング分析で大切なのは、この「乗り越えられる気がしない壁」を可視化することです。

その高い壁を乗り越えようと知恵を絞ることでイノベーションが起こるのです。

自分たちだけでは無理でも、コラボレーションすることで乗り越えられるかもしれません。また、そのようなコラボ・連帯が増えることで、対立・紛争などにつながる分断を減らすことも期待できます。

傍から見ると驚きの事業転換を行い、時代の変化に適応して成長を続ける企業や、興味深い取り組みをしている自治体ほど、バックキャスティングの発想が身についています。

周囲がその取り組みを発見して驚くずっと以前から、バックキャスティング分析で、既存のビジネスの未来は明るくないと結論を出し、新しい取り組みを始めているのです。

望むビジョンをイノベーションで現実化する

バックキャスティング分析の例として取り上げるのは、アフガニスタンで活躍された日本人医師・中村哲《てつ》氏の取り組みです。

１９８０年代から、パキスタン・アフガニスタンで医療活動に従事してきた中村氏について、私たちがよく知っているのは、アフガニスタンにおける灌漑《かんがい》事業でしょう。

医療↓灌漑などの農業支援。これは、富士フイルムのフィルム↓化粧品のように大きく異なるフィールドですが、バックキャスティング分析をすると、実に論理的な帰結であると理解できます。

中村氏が海外で活動してきた目的は、ＳＤＧｓで言えば「３　すべての人に健康と福祉を」にあたります。

この「３」の問題を悪化させる負の連鎖は、チャド湖の例のように「１　貧困をなくそう」や「２　飢餓をゼロに」と密接に関わっています。

では、「１」や「２」はなぜ起きるのか？

まず、「８　働きがいも経済成長も」の問題があります。経済的に満足できる仕事に就けない。

また、主要産業である農業にダメージを与える「６　安全な水とトイレをみんなに」の問題も大きいと言えます。アフガニスタンは2000年に大旱魃《だいかんばつ》に襲われ、多くの農地が砂漠化してしまいました。

そして、「8」の背景にも「6」があります。チャド湖の事例のように、「8」の背景には「4 質の高い教育をみんなに」の不足がある。そして、アフガニスタンでは家族のために働く子どもがたくさんいます（水汲みだけが仕事ではありませんが）。

このように、「3」の達成に必要な課題を遡っていくと、「6」の水の問題が大きく立ちはだかることがわかります。

朝日新聞の記事『「100の診療所より用水路」中村さんが変えた暮らし』によると、医療を必要とする人の背景に、食糧不足・栄養失調があると考えた中村氏は、「100の診療所より、1本の用水路を」と灌漑事業に乗り出したそうです。氏が実際にバックキャスティング分析を行ったかはともかく、目の前の患者に対峙するだけでは問題は解決できないと感じ、そのためにはSDGs的な連鎖の大元を断つ必要があると考えられたのではないでしょうか。

さらに中村氏の灌漑事業には、ほかにもさまざまな連鎖があります。

中村氏らが2003年から2010年にかけて完成させた全長25・5㎞におよぶ「マルワリード用水路」は、福岡県朝倉市にいまも残る「山田堰《ぜき》」の技術が用いられています。

山田堰の原型がつくられたのは１６６３年、現在の堰ができたのは１７９０年のことで、中村氏がアフガニスタンに用水路をつくるために、日本中の堰を視察する中で山田堰に出合ったそうです。そして、最新の重機などがなくても築造可能なこの堰の技術を学んだのです。日本の治水技術が今日まで残ってきたことで、中村氏らはアフガニスタンで多くの土地に緑をよみがえらせることに成功した。本当に美しい連鎖だと思います。

また、悲しいことですが、２０１９年に中村氏が銃弾に斃《たお》れてしまったあとも、氏を支援していた国際ＮＧＯ・ペシャワール会は氏の遺志を継ぎ、活動を続けています。中村氏の長女・秋子氏も、銃撃事件後に同会の活動に携わるようになり、福岡県福岡市内の事務所で事務作業などをお手伝いされているそうです。人の思いを継ぎ、残し続けるのも連鎖の大きな力です。

中村氏が雑誌『世界』に寄稿した論考「緊急報告 大旱魃に襲われるアフガニスタン――気候変動が地域と生活を破壊している」によると、気候変動の影響はアフガニスタンでも大きく、２０１６年以降は少雨が続き、大変な影響が出ているそうです。

中村氏のご冥福をあらためてお祈りするとともに、今後もアフガニスタンに用水路や井戸を増やすべく、氏の思いに共鳴・連鎖する人と、その正の連鎖によって、「銃」ではなく「農具」を手に取れる人が一人でも多く増えることを、心より願っています。

企業のバックキャスティング分析の事例

チャド湖やアフガニスタンの事例は、非常に大きな問題ですが、フォアキャスティングとバックキャスティングの考え方、正・負の両面における連鎖がもたらす現象の大きさをお伝えするためにご紹介しました。

ただ、ビジネスや地方創生への落とし込みについては、イメージしにくい部分もあると思いますので、私が実際に携わっている企業のバックキャスティング分析の事例もご紹介します。

京都府福知山市の有限会社桐村製材は、京都・丹州《たんしゅう》ヒノキの製材・販売一筋で3代続く企業で、ヒノキ製のフローリングや天井・壁を手掛け、二条城や惜しくも火災で消失する前の首里城、伏見稲荷大社や知恩院、大徳寺といった神社仏閣にも採用されています。

この桐村製材がＳＤＧｓ経営に取り組むにあたって、目標に定めたのが「15　陸の豊かさも守ろう」。「京都の森を守りたい」という思いをゴールにしたのです。この「15」から遡って、最初にたどり着いたのは「9　産業と技術革新の基盤をつくろう」でした。京都の森を守るには、桐村製材や、京都の林業を活性化させる必要があると考えました。

ここまで読んでいて「森を守る」と「林業の活性化」に矛盾を感じた方もおられると思いますので、少し話を区切って林業についての説明をさせてください。

人間の手が入り、人間が守ってきた森林資源の場合、**人間の手がまったく入らないと山は荒廃してしまいます**。大雨による土砂崩れなどによって麓に住む人々への影響も出ます。

日本の面積の6割が森林ですが、そのうち4割が人工林です。また、人工林に限らず天然林でも、人の手が長い間入らないままで自然安定状態を迎えている森林は希少です。

昔の山は、緑が少なかったとよく言われます。戦前などの古い写真集を見てみると、裸の山も少なくありません。エネルギー源が木材（薪《まき》）で、建築などの用途も非常に多かったために、森林がどんどん伐採されていたのです。

その後、そのようにニーズが多い木材を調達する目的で植樹が行われたり、反対に伐採から守るための保護政策が行われたりすることで、実は私たちが生きる現在こそ、日本に最も緑が多い状態であるとも考えられています。

ただし、単に緑が多いだけでは問題で、木を適切に間引くなどして、持続可能性を高めなければ、「豊かな緑」とは言えません。そして、その人手を確保するには、担い手が減っている林業がきちんと儲かる産業になる必要があるのです。

このような理由から、「15」→「9」と遡った私たちは、次のターゲットを「12 つくる責任つかう責任」としました。このままでは林業の衰退は止められません。その流れに棹さすには、「木材を使ったナチュラルなライフスタイル」を提案する必要があると考えたのです。

さらに、そのためには、「8 働きがいも経済成長も」で、京都の木材でヒット商品を生む——と桐村製材の戦略では定めました。

桐村製材にとって、この戦略はSDGsと非常に相性の良いものでした。建築物に用いられる木材を切り出すと、どうしても柱や板に使えない部分が出てしまいます。小物目線で見ると十分に大きなこの部分から、同社は丹州ヒノキの香り高いまな板やワイングラス風ぐい呑みなどの商品を開発。そのような商材ができたことで、「グルメ&ダイニングスタイルショー」にも出展し、そこから海外も含む販路拡大・売上アップや雇用拡大もすでに実現しています。

さらに、そうして木材を有効活用するだけでなく、二酸化炭素の排出を削減するために、製材過程で必ず生まれる木の皮を焼却処理しない方法を模索。地元の牧場（牛の寝床に利用）や農家（牛糞と混ぜて肥料に）に引き取ってもらうなど、意欲的にSDGs経営に取り組んで成果を上げています。

逆算を深掘りする

企業や組織や自治体がバックキャスティング分析を行い、人を集める方法を考えるときに気をつけていただきたいのが、**「もう遡れない」というところまで逆算すること**です。

そうしなければ、医師である故・中村哲氏が、灌漑という課題に気づいたような、本質的な課題の発見はできません。

たとえば、「人を集めたい」となって「1」＝貧困が問題だ。お金がない。と考えるのは簡単ですが、そこで単にお金を投入しようとするのは危険です。もっと深掘りして、問題の根っこを見つけなければ、せっかくのお金も砂漠に水をまくような使い道になってしまいます。「とにかくお金を使おう」と考えて思いつく程度の使途では、差別化は実現できません。

大切なのは、「問題」から「課題」を導き出すことです。

1億円が必要な人にとって、「お金がない」は問題です。対して、お金を稼ぐために必要なスキルを身につけることや、やるべき仕事に就くことが課題です。

単に「稼がないと」と言うだけでは、とても課題とは言えません。しかし、実際には、そのレベルの施策が行われてしまうケースも目立ちます。

たとえば、人を集めるために「とりあえずイベントをやろう」「とりあえずハコモノを建てよう」というのはそのレベルです。

イベントやハコモノがいけないとは思いません。ですが、それらで課題をクリアするには、「どんな」イベントをするか、ハコモノを建てるか――という中身が肝心なのです。

バックキャスティング分析の深掘りは、その中身を見つけるために重要です。

徹底的に深掘りすることで、自分たちのやるべきこと、活用するべき武器が見えてきます。

たとえば、桐村製材の例で言うと、「15」(京都の森を守る)→「8」(自社を経済成長させる)と一歩で目標の線を描くことも可能です。しかし、「12」(木材を使ったライフスタイルの提案)を経由していなければ、「何をつくり、売れば、自社が成長するのか」という答えがありません。「売上を伸ばしたい!」は誰もが思う願い=問題でしかなく、課題の設定には至っていないのです。

また、「12」の前に「9」を経由して、自社のみならず「京都の林業を活性化させたい」という目標も確認していることで、コラボレーションにも積極的です。

桐村製材は基本的にヒノキを手掛けていますが、クライアントの要望があれば他の木材も扱います。そのような仕事で残った部分からつくられた杉のぐい呑みや、同じ福知山市の夜久野《やくの》の丹波漆《うるし》を塗ったぐい呑みなども生まれています。

「自分たちを豊かにできるもの」は何かと考え、そこから、SDGsのさまざまな目標に矢印を伸ばしてみる。そうすると、興味はあっても自分たちには難しいことも見えてきます。当たり前の話ですが、内陸県にある自治体で「14 海の豊かさを守ろう」を武器にはできませんし、大都会で「15 陸の豊かさも守ろう」を武器にするのも一朝一夕では叶いません。

そうして1つずつ、問題から連鎖しそうな目標を見て、難しい選択肢を削っていけば、どこかに必ず自分たちで取り組めそうな課題が見つかります。高い壁に見えるかもしれませんが、乗り越えることで持続可能性のある未来も見つけられるはずです。

コラム 地元同士のコラボレーションが豊かさを生む

本書を読んでいて、私が携わっている事例に、京都府福知山市の企業・組織が多いことにお気づきの方も多いと思うのですが、これには、明確な理由があります。

セミナーや講演にお招きいただいたことをきっかけに、ある自治体で複数のクライアントとお仕事をさせていただくご縁を得ることもあるのですが、福知山については、初めてお招きいただいたあとも、先述した福知山市商工会主催の「販路開拓塾」や、「商品開発塾」「ＳＤＧｓ実践塾」というセミナーを毎年開催しています。

このセミナーでは、実践的なグループワークを行うことを重視しています。コミュニケーションを取る必要に迫られるので、参加者はお互いの人物・仕事・強みなどを理解することができます。

そこから、桐村製材さんのぐい呑み×夜久野の漆芸作家・高橋治子さんによる「ギャラリーはる」の漆、化学肥料と農薬不使用の「小林ふぁ〜む」×幸せに生きることがコンセプトのパン屋さん「まごころパン」といったコラボレーションがどんどん生まれており、必然的に私が関わる案件も増えているのです。

私は、このようなコラボレーションができるだけ増えるように、意識的に取り組んでいます。その理由は、これが地方創生の重要なポイントであるからです。お金の流れが地域内で起これば起こるほど、経済効果は大きくなります。

仕事のコラボレーションも同様です。桐村製材さんの漆塗りぐい呑みを買うとき、漆塗りが外部で行われていたら代金の一部は外部に流れますが、ギャラリーはるの高橋さんが塗っているので福知山に落ちる形になります。さらにその漆も、岩手県産や中国産ではなく、地元福知山市の夜久野の漆です。

お金の流れは消費でも起こりますが、ネット通販の利便性などは大変なものがありますし、日常の買い物も、地元に残るお金の多い個人商店よりも、本社にお金が多く流れるチェーン店のほうが安く済む場合も多く、「地元企業がつくったものを地元商店で買う」流れをいきなり大幅に増やすのは簡単ではないでしょう。

そのためには、地元企業のレベルアップが必須です。また、だからこそ、私は各地で生産や販売の現場に入り、自治体や商工団体、地元企業の方々とともに、地元全体のレベルアップに日々取り組んでいます。

地元の企業・組織同士でコラボレーションが起これば、「商品やサービスが生まれるまで」のお金が地元を巡る割合が増えますし、地元企業の商品やサービスがレベルアップすれば、地元商店に落ちるお金が増える期待値も上がります。

そうして、地域内のコラボレーションによる魅力的な事例を増やせれば、それぞれの企業や組織の成長にもつながります。

元気な企業や組織が増えると、単なる「買い物」の対象ではなく、時間をかけてそれらを見て回る「旅行」の対象ともなり、地元に入るお金の額や、便益を得られる業種・関係者が大幅に増えることも期待できます。

2002年と古いデータではありますが、イギリスのニュー・エコノミクス財団がまとめた『Plugging the Leaks』によると、イギリス南西部のコーンウォール州（日本の鳥取県とほぼ同じ面積・人口）で、全観光客・居住者・企業が1％ずつ地元の商品・サービスに多くお金を使うと、年5200万ポンド（約72億円）のお金がコーンウォールに多く入ると試算されたそうです。

地元の企業・組織同士の連鎖は、このような大きな効果を生む可能性があります。

逆に言えば、消滅可能性都市が持続可能性を高めるには、正の連鎖を生むのが最低限の条件ではないかと考えます。ぜひ、地方創生を実現したい自治体などは、コラボレーションの力に注目いただければと思います。

また、ネット通販に慣れた方が、すべての買い物を地元商店でするように変更するのは難しいかもしれません。しかし、1%なら、そこまで難しくないと思いませんか？

いち消費者・生活者としても、守りたい地元がある方は、ほんの数%でも――ショッピングモールでしていた買い物を、近所の個人商店でするなど――消費のスタイルを切り替えることができれば、それだけでSDGsに貢献できるのです。

第４章

「危機を乗り越える」ための実践ノウハウ

1

コロナ禍を乗り越えるすべは「震災復興」に学べ

前章でお伝えした内容をベースに、みなさんがご自身の持つ武器を見出し、戦略を策定したとしても、それが思うように進められるとは限りません。

特にいまは、これからの戦略を定め、戦術も考えていたのに、新型コロナウイルスのダメージを受けて動きが停滞してしまっている企業や組織、自治体が数え切れないほどあります。

そこで、第4章は「危機を乗り越える」ために大切なことや考え方をお伝えします。

「人が困る稼ぎ方」は死んでもやってはいけない

奇しくも私は、阪神淡路大震災や東日本大震災、2014年の御嶽山噴火といった危機に直面したクライアントとお仕事をさせていただく機会がありました。新型コロナウイルスの流行は、それらとも異なる文字通り未曾有の事態ではありますが、2020年以降の日本社会にも通用する要素は数多くあると考えています。

まず、強くお伝えしたいのが、**自分たち以上にコロナ禍に苦しむ方の、足元を見るような商売をしてはいけない**ということです。

阪神淡路大震災が起きた1995年、船井総合研究所に勤めていた私は、震災の直前に兵庫県神戸市の中心繁華街・三宮に開業して被災してしまったカフェのコンサルティングを担当することになりました。

社長と奥様が調度品もこだわり抜いて、かなりの費用をかけていたお店が被災してしまい、私のいた会社にご相談をいただいたのです。

まだ駆け出しだった私は、どうにか難を逃れたお二人の家に足を運び、今後の戦略について話を重ねました。1つしかないお店が被災したので、打ち合わせ場所もご自宅しかなかったのです。JR芦屋駅から徒歩5分のはずのお宅の近くは、潰れた木造家屋が並び、焼け野原のようになっていました。芦屋まで行くのも大事でしたが、駅からも5分の距離とは思えない道のりでした。

ある日、そんなご自宅で、雑談中に奥様が「六甲山の向こうから来ているお肉屋さんの話、聞きましたか？」と教えてくださったのが、「1個5000円の弁当」のお話です。

そのお肉屋さんは、芦屋や三宮からは離れており、地震の被害が少なかったようで、本来は

1個400～5000円くらいで売っていただろう弁当を、震災のダメージが大きい場所に出向き、1個5000円で売っているというのです。

芦屋については、「関西でも有数の高級住宅街」というイメージをお持ちの方もおられると思いますが、一般的な住宅も多く、資産家だけが住む地域ではないのですが、その値段でも弁当は次々に売れたそうです。

しかし、それから3カ月ほど経ったとき、奥様がそのお肉屋さんが閉店したと教えてくれました。芦屋の人々は「あんな店、地元だったら絶対に買わない！」と憤っていたそうですが、そのお肉屋さんは地元でも5000円で弁当を売っていたらしく、実際に地域の方々に相手にされなくなったというのです。

混乱期にこそ真っ当に

その正反対の行動を取ったのが、宮城県に本社を構え、2020年で創業100周年を迎えたお茶の井ケ田《いげた》株式会社（以下「井ケ田」）です。

井ケ田は和スイーツの販売や食事の提供をする「喜久水庵《きくすいあん》」という店舗を展開しています。1998年に発売された抹茶生クリーム大福「喜久福」は大変な人気を博しており、お笑いコンビ「サンドウィッチマン」のお二人も大好きで、現在は親善大使に任命されているほど愛されている商品です。

２０００年代の井ヶ田は、喜久福の人気を受けて拡大戦略を取っており、２００６年頃から、私も店舗の売上アップのコンサルティングをさせていただくご縁を得ました。

２０１０年には出店数が50店舗を突破し、若い才能がどんどん抜擢されて、20代の若い店長のみなさんがそれぞれの店舗を運営していました。

そして迎えた２０１１年3月11日、東日本大震災が発生。

若き店長たちは自主判断での対応を迫られました。当時はＬＩＮＥなどもありません。

電話回線には被災した方だけでなく、心配した多くの人からの電話やメールが集中し、回線はパンク。連絡手段が断たれた状況が地震発生以降続いていました。

ちなみにＬＩＮＥはネイバーを設立した李《イ》海《へ》珍《ジン》氏が、東日本大震災の被災者が家族らと連絡を取ろうとする様子を見て発案したツールでした。当時はいまのようにビジネス用のチャットツールも発達しておらず、現在では多くの利用者を持つチャットワークがリリースされたのも同月1日のことでした。

被災し、その上どこにも連絡がつかない。

本部の社員、スタッフたちも総出でフォローに回りますが、当時50店舗を超える全店舗を回れる状態にはありませんでした。本部と工場の状況把握などの対応でフル回転です。本部スタッフから各店舗へも電話・メールはつながらず、地震と津波の影響もあり、道路での移動もままなりません。

そんな状況下で、店長たちは自主判断でお客様と従業員を避難させます。津波に呑まれた喜久水庵多賀城本店の店長は、すぐ近くにあるイオン多賀城店の屋上から、海を指して何かを叫ぶ方に気づき津波を察知し、お客様を連れて歩道橋の上に避難します。店舗は波に呑まれましたが、人的被害を免れました。

その後、店舗が無事だった喜久水庵の店長の多くは、お店に残る要冷蔵のお菓子を避難所に寄付しました。**誰の指示も受けていない状態で「電気が止まった状態で、明日になれば廃棄に回さざるを得ないお菓子も、いま食べていただければ被災者のお役に立てる」と考えたの**です。

いまや国民的飲料となっているカルピスにも、創業当時に似たエピソードがあります。

カルピスを生んだ三島海雲《かいうん》氏は、中国で働いていた時期に内モンゴルを訪れる機会があり、酸乳に出合ってその味と栄養価に感動します。

帰国後、乳酸菌を使った商品開発に取り組み、１９１９年にカルピスが生まれました。

４年後の１９２３年、関東大震災が発生します。三島氏は大きな被害を免れ、水が出る場所にいたために「飲み水を配ろう」と考え、それならより美味しいものを――とカルピスに思い至ります。工場に残るカルピスの原液を水で割り、震災後の輸送需要が多い中、金庫にあったお金で４台のトラックをどうにか借り上げ、氷を入れて冷やしたカルピスを配って回ったそうです。

そのカルピスの美味しさが、多くの被災者に力を与えたことは想像に難くありません。のちに生活を立て直し、お礼にとカルピスを買う習慣ができた方も多かったのではないでしょうか。

お茶の井ヶ田の喜久福は、現在は地元のみならず、宮城や東北でも人気のお土産物となっています。そこまでの人気商品になった背景には、美味しさはもちろんですが、震災時の喜久水庵で働くみなさんの行動・機知もあったと考えられます。

普段の言葉・考え方が混乱期を乗り越える力となる

この２つの事例、行動原理は似ています。

ただ、カルピスは創業者の三島海雲氏自らの行動であるのに対し、井ヶ田は何十とある店舗の、若き店長たちの自主判断による行動です。

なぜ、そんな行動ができたのか知りたいと思った私が、店長さんたちにお話を伺ったところ、その理由は、日頃からの経営者の「言葉」にありました。

当時の第3代社長・今野克二氏は、**常日頃から、「有事の際に優先すべきは人命であり、お客様の命、スタッフの命が最優先である」と考え、それを日頃からスタッフにも繰り返し伝えていた**そうです。言われてみると、私もそのようなお話を伺ったことがありました。

店長たちは言うまでもなく仕事熱心です。店舗のことは気になったが、それでも「人命が第一だ」と戻らなかった――と教えてくれた方もいました。

ＬＩＮＥやビジネスチャットツールもない状況で、経営者が日頃から発信していたメッセージが、店長のみなさんの素晴らしい判断と行動を生んだわけです。

現在のように、チャットツールが充実している状況でも、緊急時は通信そのものができない可能性もあります。コロナ禍の現在はすでに有事とも言えますが、これからまたさらに、異なる問題が起こらないとも限りません。そんな状況下で、トップがこのような強いメッセージを発し、それを組織全体で共有できる体制づくりは非常に重要になります。

ここで思い出していただきたいのが、ＳＤＧｓのウェディングケーキモデルです。土台にあるのは環境。その上に社会。そして経済です。

「お店に戻らなければ」と思う気持ちは尊いものですが、それは経済が先に来ていると言えないでしょうか。人の命・健康は、経済の土台を支える社会にあるものです。「社会なくして経済は成立しない」と考えれば、長い目で見ると、人を優先することで経済の復興にもつながるはずです。

みなさんも、このウェディングケーキモデルを意識して、組織全体で共有するべきメッセージ・価値観をあらためて磨き上げてみてはいかがでしょうか。

また、このようなメッセージの共有は、ＳＤＧｓ経営を始める際にも重要です。経営者が本気で取り組もうとしているのに、従業員が「自分たちが少し頑張ったくらいで世界は良くならない」と考えているようでは、うまくいくものもうまくいきません。

2

御嶽山噴火後の観光再生が、なぜ短期間で成果を生み出せたのか

続いてお伝えするのは、２０１４年の木曽・御嶽山《おんたけさん》噴火後の観光の事例です。私は地元商工会のコンサルティングに携わっており、私自身の観光戦略への関与は一部ですが、観光協会の方々や県の担当者の施策を間近で見る機会に恵まれたので、ここでご紹介させていただきます。

戦後最大の火山災害からの観光再生

２０１４年９月27日に起きた噴火は、死者・行方不明者が63名に上り、戦後最大の火山災害となりました。

その影響は大きく、御嶽山に登れないのはもちろん、周囲の観光ニーズも一気に冷え込んでいました。私は噴火の半年後にコンサルティングの依頼をいただき、「観光客が戻らなければ木曽地域の復興は叶わない」と感じました。

木曽は木曽ヒノキで有名ですが、桐村製材の事例でも触れたように、林業の市場規模は縮小しています。そんな産業を、地域を復興させるレベルで活性化させようとするのは、難しいだけでなく、短期間で達成するのはあまりに難しいチャレンジです。

そこで、観光協会はじめ関係者が着手したのが、外国人観光客へのアプローチでした。この頃は、まだインバウンド需要など眉唾だと捉えられていた時期ですが、毎日のようにニュースで噴火の様子が流れ、日本人にはネガティブな印象が刷り込まれていました。その認識を変えるにはお金と時間がかかる。それなら、**ニュートラルな印象を持つ相手にアプローチすべきだ**――という判断がなされました。

結論から言えば、この試みは大成功しました。英語圏に強い旅行代理店が「木曽を売らせてほしい」と手を挙げてくれたこともあり、日本三大美林に数えられる木曽ヒノキの森林を4泊5日でトレッキングしながら北上する約20万円からのツアーが大当たりしたのです。

地元の方は、「20万円も払って飛行機に乗って来て、わざわざ山の中で汗をかいて喜ぶのが不思議」などと思われます。特に、「スノーシューで冬に歩くのはまったく理解できない」という方が多くおられました（笑）。

しかし、それが自然観光というものなのです。第3章でもお伝えしたように、木が生えていてもお金にならないと思う方はまだまだ多いものの、同じ山や森林でも、その表情はさまざまです。日本の森林・急勾配の山々は大きな魅力を持っています。

世界有数の発行部数を誇る旅行ガイド『ロンリープラネット』の2017年日本版の観光地ランキングでは、その他は東京・京都・高野山・奈良・広島など、世界的に有名な観光地やユネスコの世界文化遺産を持つ地域が居並ぶ中、そうではない土地として、唯一「Tsumago & Magome」がベスト10に入っています。

これは、長野県南木曽町と岐阜県中津川市の境にある、旧中山道の峠・馬籠峠を指しています。図表17を見てもわかるように、噴火のあっ

図表17　馬籠峠を歩いて越えるハイカー数の推移

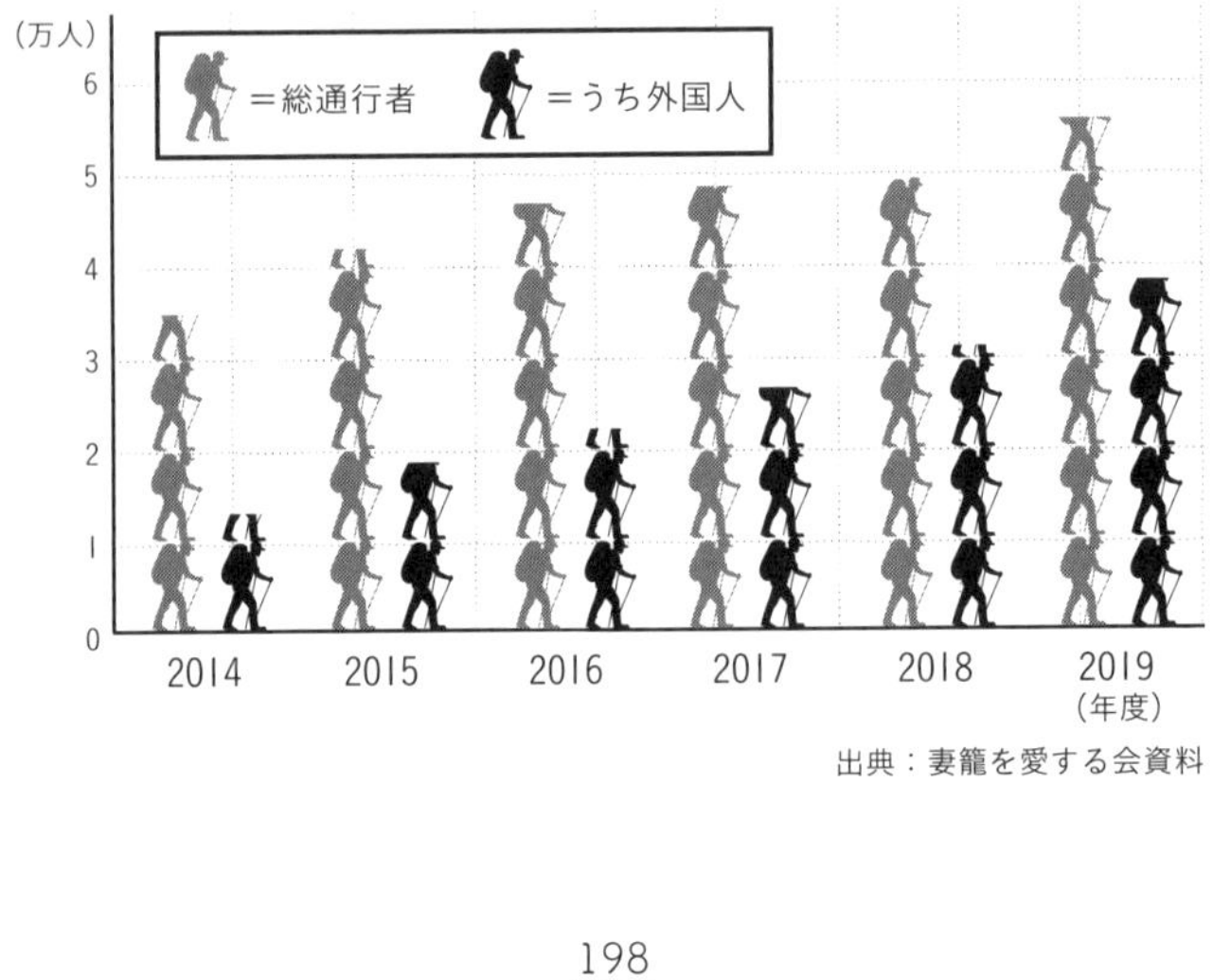

出典：妻籠を愛する会資料

た2014年以降も、その影響を感じさせないような勢いで外国人観光客が増えています。

国籍を問わない魅力は存在する

このコロナ禍で、インバウンド需要の事例を出されてもピンと来ない方も多いと思いますが、2つの意味で、私はそのようなことはないと考えます。

1つは、いまはまったく期待できないにせよ、人口減少時代に入った日本において、外貨の獲得は至上命題であり、外国人観光客から見て魅力的に映る自然や文化の資産を持つ自治体には、コロナ禍が収まるのを待つ時間などないからです。

まだ収束が見えないうちに策を練りに練って、効果の高いワクチンが開発されたら、すぐにとっておきの旅行商品をリリースできるくらいの準備をしておくべきです。

もう1つは、もしこれから長期間、海外旅行が不可能になるとしても、**自分たちの武器を「これ」と定め、磨き、アピールすることは、変わらず必要不可欠となるから**です。

先に述べたように、私たちは自分の強みを自覚できないことが少なからずあるものです。インバウンド需要は、そんな強みに「あなたは素晴らしい！」と外国の方々が指摘してくださるような現象です。その指摘を受けると、地元の方や他の日本人も、「なるほど、これが楽しいんだ」と気づく機会となります。実際、外国人に人気の観光スポットは、日本人も訪れるものです。

近年、ウィンタースポーツ人口が、かつての急激な減少に比べると下げ止まっていますが、これも、北海道・ニセコなどのパウダースノーにお金を惜しまないオーストラリア人らの観光客を見て、「スキーやスノーボードって、大金を使う価値のある楽しいことなんだな」と思った日本人が少なからず存在するからではないでしょうか。

ターゲットを明確にする

そのように考えると、先ほどの木曽の戦略も、インバウンド需要抜きに参考にできる点があります。「噴火のイメージが最も薄い対象」として海外にアプローチしたのも、国内で同じように考えればよいのです。

「日本の中で私たちの〝武器〟を最も楽しんでくれるのは誰だろう？」と考え、アピールするターゲットをとことん明確にしてブランディングを行う。第3章でも述べたように、これが何よりも肝心です。

外国人観光客というターゲットがいなくなったとしても、それは「何もせず、手をこまねいていてもよい」ことを意味しません。人を集める必要があるなら、何かはしなければいけない。そして、その質は可能な限り磨き上げなければいけない。

そのためには、まずは自分たちの武器と、それを喜んでくれそうなターゲットを明確にすることです。戦術レベルを具体的に考えるのはその後です。

いま、日本中で本当にたくさんの方が苦しんでおられると思いますが、危機だからこそ見えるチャンスも必ずあります。

たとえば、東京で仕事をしながら、定期的に自然豊かな場所に旅行に行くのが生きがいだった方は、仕事を変えるかテレワークにして、自然豊かな地に移住することを本気で検討しているかもしれません。

良くも悪くも、時代が変われば、人の心も移ろいます。その動きを細かく観察することで、新しい「第三の道」が見つかる可能性もあります。どうか諦めずに、「必ず人は集められる！」という強い思いで戦略を考えていただければと思います。

コラム 自分の武器を「他者」に教えてもらう

自分の武器・強みを見出そうとするときは、「外部の目を借りる」ことも大切です。お金を惜しまずにパウダースノーを滑りに来る外国人観光客が、日本の雪質の素晴らしさを教えてくれるように、他者に指摘されて、自分の長所を初めて理解することはままあります。

木曽でも、地元の方にとっては当たり前の「すんき」という漬物に、料理界の大物が瞠目《どうもく》する出来事がありました。

木曽地域で栽培されたカブ菜を、塩・酢・醤油などを一切用いず、乳酸菌発酵させたすんきは、「すんき漬け」とも呼ばれる、地元ではおなじみの漬物です。この漬物に注目したのが、ミシュランの星を何度も獲得しているアメリカ・ニューヨークのフランス料理店「ブーレイ」のオーナーシェフであるデービッド・ブーレイ氏です。

かねてから発酵食品に注目していたブーレイ氏は、2016年6月に、日本政府から世界に和食の魅力をPRする「日本食普及の親善大使」に任命されたのを機に、NHK BSプレミアムの番組『一皿の魔法 NY天才シェフ 日本修業の旅』という番組の出演を通じて、「ブーレイ」を数カ月もの間休業し、日本へと和食を学ぶ旅に出ました。

すんきはこの番組にも登場し、長野県の生化学者をアメリカ屈指の名門・コーネル大学に招き、米国の科学者と、ヨーグルトに匹敵するほどの乳酸菌があると言われるすんきを研究する場面もあったほどです。


このように、地元の人には、ある種「あって当たり前」の存在である慣れ親しんだ漬物が、ミシュランの星を獲得したニューヨークの超一流シェフを驚かせることもあるのです。

みなさんが当たり前だと思っているものを、あらためてさまざまな視点から検証することの大切さを教えてくれるエピソードではないでしょうか。

3

危機が終わる前から「復興」は始まっている

続いてお伝えしたいのは、**苦しくとも、危機がまだ収まっていないうちに動くことで復興につながる**ということです。

見出しにあるように、「復興」は危機の最中から始まっています。大変でも、早く動ければ動けるだけ、復興も近づきます。

ネガティブな情報を抑止する

新型コロナウイルスの報道でも、さまざまな見方がありますが、ネガティブな報道が続くと、市民の精神状態も自ずと落ちていきます。インプットの多くがテレビの情報であるような、年齢がある程度上の世代においては、特に顕著な問題です。

この問題に見事な対処を見せたのが、2014年11月22日の長野県神城断層地震で大きな被害を受けた長野県の白馬村です。

多数の全壊家屋が出て、大きな被害が出た地震であったことは紛れもない事実ですが、報道で被害の様子が大きく取り上げられるあまりに、復興の様子がまったく伝わらない事態に直面することになります。

これでは、一向に復興の機運が高まらないと考えた白馬村の方々は、東京で記者会見を開いたり、県の協力を仰いで全国のメディア行脚を敢行し、「一部を切り取るような報道を止めてほしい」と依頼して回ったりと、積極的な行動に出ました。

この白馬村の取り組みを取材した、Ｙａｈｏｏ！ニュース個人の熊坂仁美氏の記事「海外からの人気急上昇！スノーリゾート白馬村に学ぶ『風評を食い止める情報発信』３つのポイント」で、熊坂氏は「守りの情報発信」のポイントとして、次の３つを挙げています。

①最初の３日間はネットでの発信に力を入れる
②地図や動画などで情報をビジュアル化する
③マスメディアに協力をお願いする

定期的に大きな被害がニュース番組で振り返られるような災害があった場所は、すでに復興を果たしていても、その土地に詳しくない人には変わらず被災地であるように思われ、旅行などの行き先の候補に入れてもらえない可能性もあります。

小さな企業レベルでは難しい施策ですが、自治体などはこの3つのポイントを意識して地元メディアなどと協力し、復興に必要な機運づくりや、民間にもっと知ってほしい補助金などの制度を周知してもらうように努めるなど、**復興を遅らせない情報コントロールに取り組むこと**も大切です。

収束が見えない段階から地元の経済を回す

コロナ禍で大きな被害を受けている飲食業界で、数少ない明るいニュースが、テイクアウトやデリバリー営業を知らせるポータルサイトやブログなどが次々に生まれたことだと思います。たびたび述べているように、「非常時にこそ貢献したい」と考える人は非常に多く、そのような方々が力を合わせて何かを成す姿は胸を打ちます。東京都の「新型コロナウイルス感染症対策サイト」が、オープンソースで、プログラマーのみなさんの集合知で作成されたことも話題になりました。

私がそのようなサイトを最初に見かけたのは、緊急事態宣言の約1週間後にオープンした、埼玉県寄居町《よりいまち》の商工会による、会員企業のテイクアウト・デリバリー実施店のポータルサイトでした。

この取り組みに感激した私がフェイスブックでその情報をシェアすると、コンサルティングが縁でつながっていた京都府与謝野町商工会もすぐにこの動きに追随しました。こうした連鎖が起こっていったのも感動的でした。

もちろん、テイクアウトやデリバリーだけで飲食店が救われるわけではありません。

私が見聞きする限り、緊急事態宣言期間中は、だいたい平時の1割の売上をカバーできればよいほうで、成功しているところでも5割といった印象です。

しかし、少しでもプラスを加え、止まっている経済を動かそうとする意識は大切です。

第3章で紹介したイギリスのコーンウォールの試算のように、1割どころか、1％が誰かの人生を救う大きな力になるかもしれないのです。

そして、当事者としても、「できることがある」のが大切です。そう思えないと、心が折れてしまいかねません。

これまで手をつけていない施策なら、平時に戻れたときに店内の売上とテイクアウトを加えれば、前年比プラスを達成できる可能性もあります。飲食店に限らず、どうか、**非常時だからこそ、「平時にできていなかった何か」を始める**という意識を大切にしてください。

加えて、ここでも、みなさんの強みをあらためて考えるタイミングだと私は考えます。飲食関係のクライアントや知人によくお伝えしているのが、現状のテイクアウトやデリバリーは、飲食店がこれまでお客様に提供してきた、①商品、②コミュニケーション、③場、のうち、①の商品しか提供していないという点です。

私は、最新の技術・ツールを活用することによって、②や③を提供することも不可能ではないと考えています。

たとえば、ワインバーでボトルをテイクアウトしていただいたお客様に、Ｚｏｏｍなどのウェブ会議アプリで、そのワインに対する知識や、おすすめのペアリングをお伝えする――といった施策は可能なのではないでしょうか。

飲食店に限らない言い方をするなら、「自らの強みを、最新のツールでも売っていく」意識で、非常時のうちから、できる限りの努力をすることが大切です。

混乱期の不安・不満・不足・不快をビジネスで解消する

お茶の井ヶ田の喜久福やカルピスのように、現在、不安の真っ只中にある方を直接いたわることが可能な商品・サービスを持つ方に強くおすすめしたいのが、その商品やサービスを、（5000円の弁当のように市民の足元を見ずに）できるだけ手軽に提供することです。

ビジネスとはつまるところ、人間の「不安・不満・不足・不快」を解消するものです。非常時は、これらの「不」が否応なしに膨らみます。

20年以上前、独立したばかりの頃の私は、いまと比べれば小規模なクライアントとお仕事をしていました。充実した日々を送っていましたが、成功を収めたと思った瞬間に、大手に真似をされて潰されてしまうケースが何度もありました。

己の力不足を痛感し、それを防ぐためにマーケティングの文献を読んで勉強に打ち込んでいると、アメリカの書籍で、創業して間もないＧｏｏｇｌｅがいずれマイクロソフトを抜く、という記述に出合いました。

そして約5年後、その予言は的中しました。その書籍には、予言の理由として「マイクロソフトの検索エンジンや、マイクロソフトのブラウザ『Internet Explorer』でよく用いられたＹ ａｈｏｏ！検索に対するユーザーの不満をＧｏｏｇｌｅが解消しているから」とありました。Ｇｏｏｇｌｅの成長は多くの人に驚きを持って受け止められましたが、この理屈を背景にすると腑に落ちるものがあります。マイクロソフトがとてつもない巨人であったからこそ、不満の総量も大きく、それを解消する技術を持つＧｏｏｇｌｅは長足の進歩を遂げたのです。

以降、私は「**大手の不満を解消すれば、中小企業も一気に伸びる**」と考えてやってきました。

東海地方で知られていたコメダ珈琲店が、近年は首都圏などにも拡大して人気を博していますが、これもカフェ界の巨人・スターバックスコーヒーあってのものと考えます。

スターバックスは47都道府県の出店を達成しています。そこまでの規模になると、もっと別の機能をカフェに求める方にも、近場の選択肢がスタバしかない――という状況になり、不満を覚える方もそれなりの数になります。

お腹が空いているときに安くて量が多いものを食べたい……。席まで注文を取りに来てほしい……。個人店の喫茶店みたいに新聞や雑誌も読みたい……。

コメダの躍進は、そんな不満を解消できるポジションにあったことが大きいのではないでしょうか。

同じように、混乱期に限った話ではありませんが、いまの社会・地域にある、不安・不満・不足・不快を解消できる、自分たちの武器はないかと考えてみてください。何かできるものがあれば、それに取り組むことで、消費者に大きなインパクトを与えられます。

私が見て素晴らしいと感じたのが、除菌・抗菌コーティングを行う東京クリーン消毒株式会社の施策です。

同社の社員には「音楽に人生を救われた」と考える方が多いそうで、新型感染症の感染拡大により、飲食業界や旅行業界と同等、あるいはそれ以上のダメージを被るライブハウスの助けになるために、東京都の休業要請が解除されたタイミングで6〜8月の期間、1都3県のライブハウスの予防除菌施工を無料で行うと発表しました。

すでに数多くのライブハウスが閉店に追い込まれており、今後も予断を許さない状況ですが、たとえ閉店の憂き目に遭おうとも、ライブハウス関係者や音楽好きは、東京クリーン消毒に対する感謝を決して忘れることはないでしょう。

同じように、コロナ禍で困っている人の「不」を解消できるビジネスに携わっている方は、ぜひ同社のようにアクションを起こされてはいかがでしょうか。

ただ、この施策を無料でできるのは、おそらく同社がコロナ禍で仕事を増やした数少ない業種であるからであり、普通の会社は無料にする必要はありません。余裕があるならディスカウントすれば喜ばれるでしょうが、日頃の価格でも十分です。赤字を出して自らの持続可能性を損ねてしまうようでは本末転倒です。

人々の不安を解消する仕事は、社会を守ることにつながり、それだけでSDGs的と言えます。**みなさんご自身もいま、不安の中におられるかと思います。しかし、その手の中にあるスキルや商品・サービスが、ほかの誰かの不安を解消できるかもしれません。**何か、社会のためにできることはないかと考えてみてください。

4

混乱からの「経営復興」3ステップ

ここまで本章でお伝えしてきたのは、「戦略」寄りの内容でした。

最後のこの項では、より細かく噛み砕いた、「戦術」レベルの実践において意識していただきたいポイントを、次の3つのステップに分け、順に説明していきます。

・ステップ1　生き延びろ！ 種をまけ！
・ステップ2　前向きなメッセージとともに「不」を解消
・ステップ3　いよいよ芽を出す時期

ステップ1　生き延びろ！ 種をまけ！

ここまではより大枠の話だったので、コロナ禍で現実に大変なダメージを受けている方には、正直なところ、綺麗事に思えた部分もあったかもしれません。

しかし、**そのような戦略を考え、実行できるのも、生き残ってこそ**です。

まず何よりも意識していただきたいのが、どうにかして生き残ること。これは強く訴えたいところです。

災害時においては、お茶の井ヶ田の人命最優先の考えもそうです。そして生命と健康が保たれている場合は、企業や組織の延命にとにかく力を入れる。

すでに新型コロナウイルスの影響で倒産してしまった企業なども多々ある現在、残念ながら「生き延びる」最適解が倒産や閉店、大規模な事業の縮小である可能性は十分に考えられます。

その事実はコンサルタントとして痛いほど理解しているつもりですが、ここでは既存のビジネスをどうにか続けられる企業・組織についての話として続けさせていただきます。

まず行うべき「復活への種まき」

どうにか生き延びた企業や組織の復興は、前項で述べたように危機の最中から始まっています。そこでまず行うべきは、「**復活に向けての種まき**」です。

具体的には、精神的に落ち込んだところから、自分にできることを探して、少しずつでも戦術を実行する。喜久福やカルピスが手元にあるなら、それを喜んでくださる方に届ける。

飲食店や東京クリーン消毒のような業種なら、営業すること自体が種まきになります。とはいえ、営業をするだけでは売上が激減する飲食業界などでは、それだけでは生き延びられない場合も多々あるでしょう。内部留保に不安のある企業・組織は、資金調達にも動かなくてはなりません。

日頃は無借金経営を意識している経営者も、いまは未曾有の事態であり、その対策として融資のハードルが大きく下がっている――という2つの理由から、融資を受けることを強くおすすめします。

私が一流経営者だと思う方々には、危機が訪れる前に資金調達をされているという不思議な特徴があります。常にそのような意識を持っているにせよ、危機の前にそんなお話を伺う機会があるのです。

東日本大震災の半年前、井ヶ田の今野克二社長（当時）は「宮城県沖震源の大きな地震がいつか起こると専門家は言っているし、自分もそうなると思う」と話していました。私が同席した会議でも「仮に全部の店が潰れても、半年はみんなに給料を払える準備はできている。だから安心して人命を優先してください」と発言していました。

生き延びるための資金を調達できれば、結果として、急場を凌ぐだけではなく、前向きの施策を打つ原資にもなるので、次のステップにつながります。

北陸のある日本酒の蔵元の社長も、飲食店からの注文は大幅に減ったものの、倒産の心配はない――という現状ながら、新型コロナウイルスの影響を受けて国や自治体が用意した融資制度にはすべて申し込んだそうです。その心を尋ねると、「これだけ低金利で簡単に借りられるなら絶対に借りておいたほうがいい。現状では新しい事業のアイデアがあるわけではないが、思いついたときにすぐに動けるし、コロナ禍がさらに悪化した場合は生き残るために必要になる」とのことでした。

いまは、無借金経営にこだわるよりも、このような考え方が重要な時代だと考えます。公金に頼ると時間がかかってしまうケースもコロナ禍では散見されたため、クラウドファンディングも重要な選択肢の1つになるでしょう。

ステップ2　前向きなメッセージとともに「不」を解消

大変なことながら、どうにかステップ1をクリアできたなら、少し深呼吸してビジネスや施策を見返してみましょう。

種まきについては、非常時ですから、「５０００円の弁当」のように意識的に他者から搾取するような取り組みを除けば、あまり考えずにやっても大丈夫です。

問題はその後です。種をまくと、良くも悪くも少し冷静になれて、さまざまなものが見えてきます。また種をまいたことで、（場合によっては苦言も含む）フィードバックも得られます。

ステップ2は、そのような発見や、周囲からの意見を踏まえて、**商品やサービス、施策をブラッシュアップする段階**です。

周囲にある不安・不満・不足・不快を可視化し、どうすれば、それらをより解消できるのか、顧客や市民に喜んでいただけるのかを徹底的に考え抜き、自分たちの武器でそれらの「不」を解消するべく動きます。

丁寧に自分たちの仕事をすればよい

このように書くと、非常に高いハードルのように思われるかもしれませんが、自分たちの仕事を丁寧にできれば、十分に成立する可能性が高いと考えます。

ここで大切なのは、前項でお伝えした「守りの情報発信」のポイントも意識しながら、施策と情報発信をセットで行うことです。

近年はネガティブ一辺倒の報道に不快感を抱く向きも多く、そのような方は能動的に「ポジティブなメッセージ」を探しています。

そんな層に届くように、自らのポジティブな取り組みを発信するのです。ブラッシュアップが難しくても、「この非常時ですが、いつも通りの料理をお届けします」などと、平時と同じサービスを提供することをポジティブに伝えましょう。

状況に応じたブラッシュアップや新規事業ができずとも、「いつも通り」の料理なら、コロナ禍のステイホームに疲れている方の不満・不快を解消できます。意識的に探せば、必ずみなさんの武器で解消できる「不」は見つかるはずです。

ステップ3　いよいよ芽を出す時期

非常時に、**前向きなメッセージとともに、「不」を解消する施策を打つ**——。

これができれば、必ず大きな反響が来ます。反面、少々お金が儲かろうとも、ステップ1と2で姑息なことをやってしまうと、ここで周囲に見放されるので要注意です。

どうかみなさんも、この段階を目指して我慢の日々を耐え抜いてください。

井ヶ田の今野氏は、東日本大震災以前から「物産館をやりたい」と構想を温めていました。そして、震災をきっかけに構想をアップデートし、２０１４年に「秋保《あきう》ヴィレッジ」として具現化されました。

秋保ヴィレッジは、物産館に井ヶ田の喜久水庵もあれば、野菜や果物の収穫体験ができる農園や美しい庭園もある、単なる物産館や農園ではない総合観光施設です。「仙台の奥座敷」と呼ばれる秋保温泉の近くに位置し、首都圏から見ると東北全体では手前に位置するため、今野氏は「50万人集められれば、そこを起点にさらに各所に出かける方が増えて、東北復興につながる」と考えていました。

工事も「東北への恩返し」と位置づけ、補助金なども一切申請せずに建設した秋保ヴィレッジは、井ヶ田だけでなく、地元の方々と共同経営を行い、50万人どころか、年間１００万人を超える来場者を集めています。

２０１６年には、仙台市が始めた「仙台『四方よし』企業大賞」の第1回大賞を受賞しました。この「四方よし」とは、売り手・買い手・世間の三方に、従業員のより良い職場環境づくりに取り組む「働き手よし」を加えたものです。

つまり、四方よしとは非常にＳＤＧｓ的な物差しです。東北や地元に住むお客様、従業員に対する意識の高い井ヶ田が同賞を受賞したのは、自然な帰結と言えるでしょう。

秋保ヴィレッジのような規模の大きい取り組みでなくとも、非常時にポジティブな取り組みをできれば、その危機を乗り越えたときに、必ず次のステップがやって来るはずです。

その日まで、生き延び、種をまきましょう。

第5章

どんな会社・組織でもできる、SDGs「超」活用事例

1

北海道の林業会社がファンを確実に増やし続ける方法

この章では、あらためてＳＤＧｓを活用する事例や、ＳＤＧｓ経営のヒントになる事例を、主に私が携わってきたものを中心にお伝えします。

お金や人的リソースをかけずとも、地道に継続すれば、どんな企業や組織でもＳＤＧｓ経営に取り組むことは可能です。第１章から第４章までの内容を踏まえて読むと、きっと序章の事例を読んだとき以上に、ＳＤＧｓ経営が自分事だと感じられると思います。

北海道の林業会社が挑戦した木酢液

最初にご紹介するのは、北海道池田町の林業会社である有限会社本郷林業の事例です。

かつては木材の伐採・販売のみを手掛けていた同社は、「木を切るだけではいけない」と炭焼きを始めて以降、半世紀以上にわたって高品質の炭をつくり続けています。

第４章でも触れたように、林業で儲けるのは大変です。本郷林業が50年以上前にこのような経営判断を下している事実からも、その点がよくご理解いただけるでしょう。

本郷林業の炭は、紀州の地元団体から「備長炭《びんちょうたん》」と名乗っていい、とお墨付きをもらったほど高い品質を誇ります。全国に店舗展開している有名焼き鳥チェーンや、神奈川県のハンバーグとステーキで評判のレストランで使われるなど、北海道外にも顧客を持っており、「単なる燃料ではなく、スモーキーな香りを加えるスパイスの1つ」と形容されたこともあります。

とはいえ、炭の販売自体も成長産業というわけではありません。そこで、さらに売上を伸ばす商品開発ができないか——と考えた同社に、コンサルティングの依頼をいただきました。

「これが売れれば会社の大きなプラスになる」と言える商品は何か、というところからバックキャスティング分析でたどり着いたのが、木酢液《もくさくえき》の製造でした。

木酢液は、炭焼きで木材を炭化する際に出る水蒸気や煙を冷やした液体の上澄み部分で、有機農産物の日本農林規格における「肥料及び土壌改良資材」として認められています。その他にも、消臭や虫・動物の忌避など、さまざまな用途に用いられます。

炭焼きの副産物として生まれるので、お金をかけずにできて、なおかつ、品質の高い本郷林業の炭焼きから生まれる木酢液は、その品質も高いに違いないと考えました。

ブランディングを考える上では、ニッチ戦略で進めたいとの思いがありました。「品質でニッチトップを狙える要素はありませんか？」と本郷林業のみなさんに尋ねると、「塗料や接着剤の成分がゼロで、100％十勝産ミズナラからなる木酢液はニッチトップと言えるのではないか」という答えが返ってきました。

木酢液の品質は玉石混交で、木造建築の廃材を用いてつくられた木酢液もあり、その使用自体はエコながら、廃材に塗料や接着剤が残っていると、その成分が含まれる可能性を除外できません。

本郷林業は、山深い森林にあるミズナラの、炭にするために自分たちで切った木だけを使っているので、十勝の自然がそのままボトルの中にあるような木酢液ができるはず。私自身も強い手応えを感じました。

商談会でSDGsへの意識の高さを痛感

そうして、濾過などの工程も丁寧に行い、日本木酢液協会による認証検査もいただいた木酢液「Wood Vinegar《ウッドビネガー》」が完成しました。

ところが、このWood Vinegarを携えて、2019年10月に幕張メッセで開催された、日本最大の園芸業界の商談会である「第13回国際ガーデンEXPO」に参加した私たちは、予想外の問い合わせをいただき、驚くことになります。

それは、「これをつくるために木を切採しているんですか？」といった質問で、中には「環境に配慮している商品なら商談したいけど、このために木を切っているならやめたい」と言う方までおられました。

その時点でSDGｓの考え方に出合っていた私は、もちろんWood Vinegarにもその思いを込めていました。

ですが、地球環境と深く向き合う園芸業界の方々とはいえ、「バイヤーの方々がここまで商品の『持続可能性』を気にされるとは……」と感じるほどに、その目線の鋭さ・厳しさは予想を上回っていたというのが正直なところです。

小林ふぁ〜むの「とまとのじゅ〜す」の値づけをしたバイヤーの方もそうですが、**商品を日本中に届ける立場の方々がこうした認識を持っているという事実は、商品やサービスを提供する側も強く意識しておくべきポイント**です。

もちろん、Wood Vinegarは地球環境に負荷を与える商品ではありません。ただ、現場で説得力を持って、そうお伝えする準備は不足していました。

そのため、図表18のような間引きの写真と、その説明を入れたお礼状をイベント後にお送りする対応を行いました。

林業のプロは、先述したように山を元気にするために木を切ります。本郷林業も、燃料需要の多さのあまり禿《は》げ山になってしまう昔のような伐採ではなく、山を健康にして、持続可能性を高めるためにこそ木を切り、炭を焼いているのです。写真を見ていただくと、木を切り出すことで風と光が入る場所をつくっているのをご理解いただけるでしょう。

その後は、お礼状を受け取った大手雑貨店のバイヤーさんなどから、ご連絡をいただくことができました。私にとっても、あらためてSDGs経営の重要性を感じた出来事でした。

図表18　来場者に送った間引きの様子の写真

2 栃木県の「日光でも那須でもない地」に人が訪れ始めた理由

続いては、栃木県の足利市・鹿沼市・佐野市・栃木市の観光の事例です。

これまでたびたび触れてきた、自然観光以外のＳＤＧｓ観光事例として参考になるものかと思います。

自然以外のＳＤＧｓ観光とは

４市との関わりは、市の観光課より、ＪＲ東日本の『「本物の出会い 栃木」デスティネーションキャンペーン』の際にコンサルティングのご依頼をいただいたことがきっかけでした。

３年にわたる同キャンペーンの終了後もコンサルティングを継続させていただいているので、少なからず貢献できた部分はあるのかなと捉えています。


ＳＤＧｓ的観点で観光振興策を考える場合、大切なポイントは「お金をかけない」ことです。

単純な話ですが、どれだけ効果的でも、お金がなくなると継続できなくなってしまうため、初期費用だけでなく、メンテナンス費用が多くかかる施策もできるだけ避ける必要があります。

観光でよくあるのが、ほかの産業と比べて「一過性のイベント」として考えられがちだという点です。

博物館や美術館は、定期的に企画展を行うのが普通ですし、常設展だけで継続して人を集めるのは難しいので、長野県坂城町の鉄の展示館や、足利市立美術館のような企画はよいのですが、近年は地域を舞台にした周遊型のイベントが少なくありません。

自治体の首長の方などは、このようなイベントでたくさんの人を集める、わかりやすい成果を求める向きが多いのですが、個人的にはあまりおすすめできません。

なぜなら、そのためにつくったものが残らず、メンテナンスの費用や手間はかからないものの、単発のイベントは設営や撤収の費用が都度かかるからです。そのため、仮に人をたくさん集められても費用対効果が悪く、特別なイベントであることで、イベントがない時期の観光需要も喚起しにくく、打ち上げ花火的な効果に終わることもままあるのです。

設営や撤収の雇用創出、ボランティアのみなさんが集まることによる地元への愛着心の醸成といった効果はあるので、頭ごなしに否定するつもりはありません。とはいえ、「持続可能性」

という点も検討すべきでしょう。

オーバーツーリズムとウェディングケーキモデル

4市の担当者のみなさんは、このような私の意見に最初から賛同してくださり、「イベント成功が観光成功ではない」という考えを共有することができました。

そこで掲げたのが、「豊かな環境と豊かな社会があって、持続可能性の高い観光が実現できる」というビジョンです。

近年、多くの観光客が訪れることで、地元の社会や地元民に過剰な負荷がかかる「オーバーツーリズム」が問題となっています。日本でも、京都の祇園で、芸妓や舞妓の無断写真撮影が問題になるなど、ニュースに取り上げられる機会が増えています。

人が集まらない自治体には贅沢な悩みに見えるかもしれませんが、**そこに住む方々が犠牲になる観光の儲けは長く続くものではありません**。特に、単発のイベントでそのレベルの集客を実現しようとする場合、地元民の協力は必要不可欠です。一度や二度なら、負担以上に「人が集まること」に喜びを感じられるかもしれませんが、自分たちが苦しむような取り組みに関わり続けるのは難しいでしょう。

そこで思い出していただきたいのが、たびたび登場するＳＤＧｓのウェディングケーキモデルです。

観光で人を集めるのは、上にある経済の目標です。その下の社会と環境をおろそかにしては、継続的な成功は得られません。

奈良時代から江戸時代まで一本で楽しめる観光街道

私たちは、そのような考えから、「街道観光」に着目しました。

街道観光は、観光名所を効率的に巡れる順路を用意し、パッケージとして提示するもので、中山道や東海道のような1本の街道である必要はありません。海外にはドイツの「ロマンティック街道」のような成功例があります。

日本でも国土交通省が力を入れており、「日本風景街道」を取りまとめています。また、ローカルで小規模なものが多いものの、鹿沼市にも複数ある「そば街道」も街道観光の一種と言えます。

日本風景街道の知名度はまだそれほどではありませんが、**街道観光は、お金をかけずに、もともと地域にある武器を活用するＳＤＧｓ的観光には、非常に親和性が高い**と考えます。

4市の持つ武器から何か策定できないかと考える中で浮上したのが「例幣使街道《れいへいしかいどう》」です。街道そのもののストーリーが魅力的であり、「例幣使道という道」を観光資源として4市を活性化させる取り組みを進める方針が固まりました。

徳川家康公が亡くなって日光東照宮に祀られてから、京都の朝廷より、幣帛《へいはく》（神前に捧げる供物）を奉納する「例幣使」という勅使が毎年遣わされるようになります。その勅使が通った道が例幣使街道です。現在も自治体が「例幣使街道」「日光例幣使街道」と名づけた通りがあり、たとえば栃木市の例幣使街道は、黒塗りの見世蔵や白壁の土蔵群が現存する、歴史好きなら歩くだけで楽しめる通りとなっています。

この例幣使街道を4市でたどると、足利市には日本最古の学校とされ、フランシスコ・ザビエルが「坂東の大学」と評し、織田信長や豊臣秀吉と会見したルイス・フロイスが『日本史』に「坂東随一の大学」と記した足利学校がありました。佐野市には「佐野厄除け大師」の愛称で知られる惣宗寺《そうしゅうじ》、鹿沼市には日光山の彫刻師が造ったとされ、日光東照宮の建築物を思わせる見事な彫刻の屋台で、毎年「鹿沼秋まつり」で市内に繰り出される彫刻屋台などの観光資源が見えてきました。

ここで私が着目したのが、その歴史の幅広さです。

足利学校の創設には諸説あるものの、最も古い説は８３２年に小野篁《おののたかむら》が創設したというものです。また、鹿沼市は日光山を開いた勝道上人《しょうどうしょうにん》が拠点にしたと言われる地で、奈良時代の歴史をいまに伝えていることに気づきました。

戦国時代や江戸時代の有名な史跡でも長くて約５００年、京都の歴史も、それまでに長岡京などもあったにせよ、平安京からと考えると平安時代以降。「奈良時代から江戸時代までを辿れる観光街道」と銘打てば、**一本の道で千年以上を楽しめるニッチトップ**ではないかと考えたのです。

この取り組みの成果はまだまだこれからですが、別件で栃木市を訪れた際に、例幣使街道が通り、蔵がたくさん残る「栃木市嘉右衛門町《かうえもんちょう》伝統的建造物群保存地区」を楽しむ多くの方々や、カフェなどが賑わっている様子を拝見する機会がありました。これらはおそらく観光バスで訪れた方々だろうと思われます。

嘉右衛門町地区は、その街並みに惚れ込んだ若い方々が、古民家などを改装したオシャレなお店を開いており、若い女性の観光客も多いのです。

例幣使街道は、日光東照宮やあしかがフラワーパークのような、全国的にも世界的にも有名な観光名所をセットで巡れるというメリットもあります。パンフレットの制作費用などを除けば、お金もそれほどかけずにできるこの施策、長く続けてSDGs観光の成功例としたいと意気込んでいます。

不足を感じるなら「連鎖」させればいい

ここまでお読みになって、「例幣使街道は十分に魅力的で、うちの地域には同じような観光資源はない」と思う自治体の方もおられるかもしれません。

しかし、木曽の「すんき」のように、地元民の目には当たり前に映るものの、外部の人間にはとても魅力的なものが、どこかに隠れている例は実に多く見られます。

以前、山口県山口市で仕事を終えたあとに市内を散策しているときに、趣のある建物を見つけて入ってみると、誰もおらず、実にリラックスした時間を過ごすことができました。しかし後日、実はそこが、薩長同盟のための秘密の話し合いがなされた歴史的な場所だとわかったということがありました。

ほかにも、世界文化遺産登録を目指す「北海道・北東北の縄文遺跡群」の構成資産の1つの近くを通りかかる機会があり、見に行ってみると、こちらも人はほとんどいませんでしたが、非常に良い時間を過ごせました。

人がいなかったのはたまたまかもしれませんが、どちらも魅力的な場所で、仕事柄、ついつい「アピール次第でもっと人が呼べるはずなのに……」と考えてしまいました。このような歴史・文化的な施設や史跡がまったくない自治体など、ほとんどないように思います。**みなさんが当たり前に思うだけで、知ってもらえれば人を呼ぶ力のあるモノ・場所はたくさんある**と私は考えています。

それに、仮に大きな武器が本当になかったとしても、その場合は、点をつないで線にして、前述のような「観光街道」をつくればよいのです。

先にも述べたように、観光街道は、例幣使街道のようにもともとあった1つの通りである必要はありません。そば街道のように、「複数の観光資源を貫く何か1つの理屈」を見つけられれば、観光街道は新たにつくることができます。

無理にお金を使わず、もともとあるものを連鎖の力でつなぎ、観光を盛り上げられれば、これ以上ないSDGs的な施策です。掛け算の発想で、新たな観光資源を生み出してみてはいかがでしょうか。

コラム　「お金になりそう」を考えすぎない

前項の例を、実際に自治体のみなさんが考えるとき、また、企業のみなさんがビジネスとして考えるとき、何かのアイデアが生まれた際に、「お金になりそう／ならなさそう」という視点が出てくると思います。

特に経営者の方は、そのような尺度で考えることが多いと思うのですが、私はこうした場合は「お金になりそうか？」という考え方をすぐにするべきではないと思います。

まず、アイデア出しの段階から、「自分たちに何があるか」を徹底的に考える。そのときに、「お金になりそうか？」を考えてはいけません。とにかく、昔からあるもの、古くはないけれど特徴的なもの、なんでもいいのでリストアップしていきましょう。そしてリストアップしたモノやコトを、ニッチトップな方向へと磨き上げていけばいいのです。

なぜ、お金になるという尺度が微妙なのかと言うと、「お金になりそうなもの」はたいていどこかで成功例を聞いたことがあるものだからです。

つまり、そのイメージで考えると、自然とレッドオーシャンに行ってしまうのです。

先行する「本家」を上回る資金力や技術力があるなら、真似るのも一つの手ですが、ニッチトップを狙う立場の自治体や企業・組織の場合、むしろ「お金にならなさそうなもの」から考えるくらいでいいと私は考えています。

ブルーオーシャン＝誰もやっていないものは、常識的な人間から見ると、お金にならなさそうと感じられる場合がむしろ多いのではないでしょうか。

だから、まずはお金にならなさそうでも、気にしなくてもよいのです。とにかくニッチ戦略を取れそうなものを探す。どうお金にするかは、あとで考えればいいのです。

3 地域住人や地域産業とともに発展を続ける「ワインツーリズムやまなし」

私が関わった事例ではありませんが、前項と、続くコラムの内容を受けてご紹介したいのが、一般社団法人ワインツーリズム代表理事の大木貴之氏が手掛けた「ワインツーリズム®やまなし」の事例です。

「喜んでくれる人」を探す

ターゲットを明確にする重要性はたびたびお伝えしていますが、一般的にコンサルタントが言うような「ターゲティング」は、「お金になりそうなもの」を探す方向に行きがちです。

そうではなく、**SDGs経営においては、まず、自分たちが使える魅力ある素材を探した上で、それを喜んでくれる人、必要としてくれる人を探すことが重要**です。

具体的には、次の2つの要素をつなぐタッチポイントを見つけられると、売上と集客につながります。

①いまあるものは何か
②それを喜んでくれるのは誰か

これらをつなぐポイントに、まちおこしやヒット商品のヒントが眠っているのです。

山梨のワインの価値を高める

２０００年に東京から地元の山梨県に戻った大木氏は、当時シャッター街化していた甲府駅周辺に人が集まる場所をつくるべく、「Four Hearts Cafe」という飲食店をオープンさせます。するとと、大木氏に共鳴するように、「山梨を良くしたい」と考える人たちが集まるようになり、「ワインツーリズム」の原型となる活動が始まりました。

大木氏と仲間たちは、日常的に山梨産ワインが飲まれるまちにする——という目標を立て、Four Hearts Cafeでも山梨産ワインのみを置くようにします。

いまとなっては意外に思われるかもしれませんが、この頃、山梨県民は県産ワインを飲むことはほとんどなく、お土産物としての需要はありつつも、全国的な県産ワインのイメージも、それほど高くありませんでした。

そんな状況で、大木氏は県内のワイナリーで、良い仕事をしながらもなかなか飲んでもらえないワイナリーの方々と出会います。ワインツーリズムは、「自分たちが発信して、県産ワインを売っていかなければ」という思いから生まれたそうです。

２００４年、Four Hearts Cafeで出会ったクリエイターと、山梨県産ワインのイメージを変えるためのローカルメディア『ｂｒ』を刊行し、２００８年の３号目では全国流通の女性誌で特集が組まれるまでになります。

続いて大木氏は、一定のＰＲの役目は果たしたと『ｂｒ』の制作を終了し、新たに、詳細なイラストが入り、ワイナリーに興味を持って来た人たちが、山梨のさまざまな魅力に触れられるツールとなる『山梨ワイナリーマップ』を発行します（既存のワイナリーマップは、ワイナリーに行くための情報しか書かれていませんでした）。

ここまでの取り組みで注目すべきは、県産ワインの価値を上げようとする大木氏の手法です。『ｂｒ』の発行を通じ、東京のメディアから取材を受けるなどして、「工場の大量生産品で、そんなに美味しくない」といったイメージを持っている人たちの考え方を変えていく。これまでの県産ワインのイメージを覆すような、素晴らしい仕事をするワイナリーあってこそですが、**自分たちの武器の価値を高められれば、観光資源や商品としての価値も比例して上がります。**

そして、その対象は外部の人だけでなく、県内にも向いています。県内のワイン需要が増すことで経済も活性化し、ワインの製造・販売に関わる方々の誇りにもつながります。

SDGs的な「ワインツーリズムやまなし」

そして、2008年に始まったのが、県内ワイナリーを巡るイベント「ワインツーリズムやまなし」です。

至れり尽くせりならぬ〝至らず、尽くさず〟をコンセプトに、マップやワイナリーの情報を、『br』や『山梨ワイナリーマップ』でも発揮されたクリエイティブなインビテーションの冊子にまとめ、開催日の前に送り、どのようにワイナリーを巡るかは参加者が決める、という内容です。

これは、イベント後に冊子を見ながら、訪ねたワイナリーのワインを飲んで話し合ったり、回れなかったワイナリーのことを考えたりと、「**イベントが終わっても、参加者が山梨のことを考え続ける仕掛け**」になっています。

自由度の高い〝至らず、尽くさず〟のツアーにして、巡る場所は元からあるワイナリー。開催者側の負担が低い上に、参加者の楽しさもしっかりと確保する素晴らしいSDGs観光です。また、ワイナリーを線で結ぶと考えると、街道観光的な施策とも言えるでしょう。

大木氏やワインツーリズムやまなしの特筆すべき慧眼は、「持続可能性に対する意識の高さ」に現れていると感じます。

イベントは好評を博し、図表19の棒グラフのようにチケットの販売金額を伸ばし続けていますが、折れ線グラフの販売人数は、2010年の後に一度大きく落ちています。

実はこれは、意識的な施策だというのです。

ワインツーリズムやまなしは、イベントが終わったあとの振り返りを非常に丁寧に行い、イベントごとに改善を重ねています。

その前の開催で、**ワイナリーに人が入りすぎて、満足度が下がる結果が出たために、あえてチケット販売人数を減らした**そうなのです。しかし、同時に取り組み内容を精査して、

図表19　イベントの参加者数とチケット販売金額

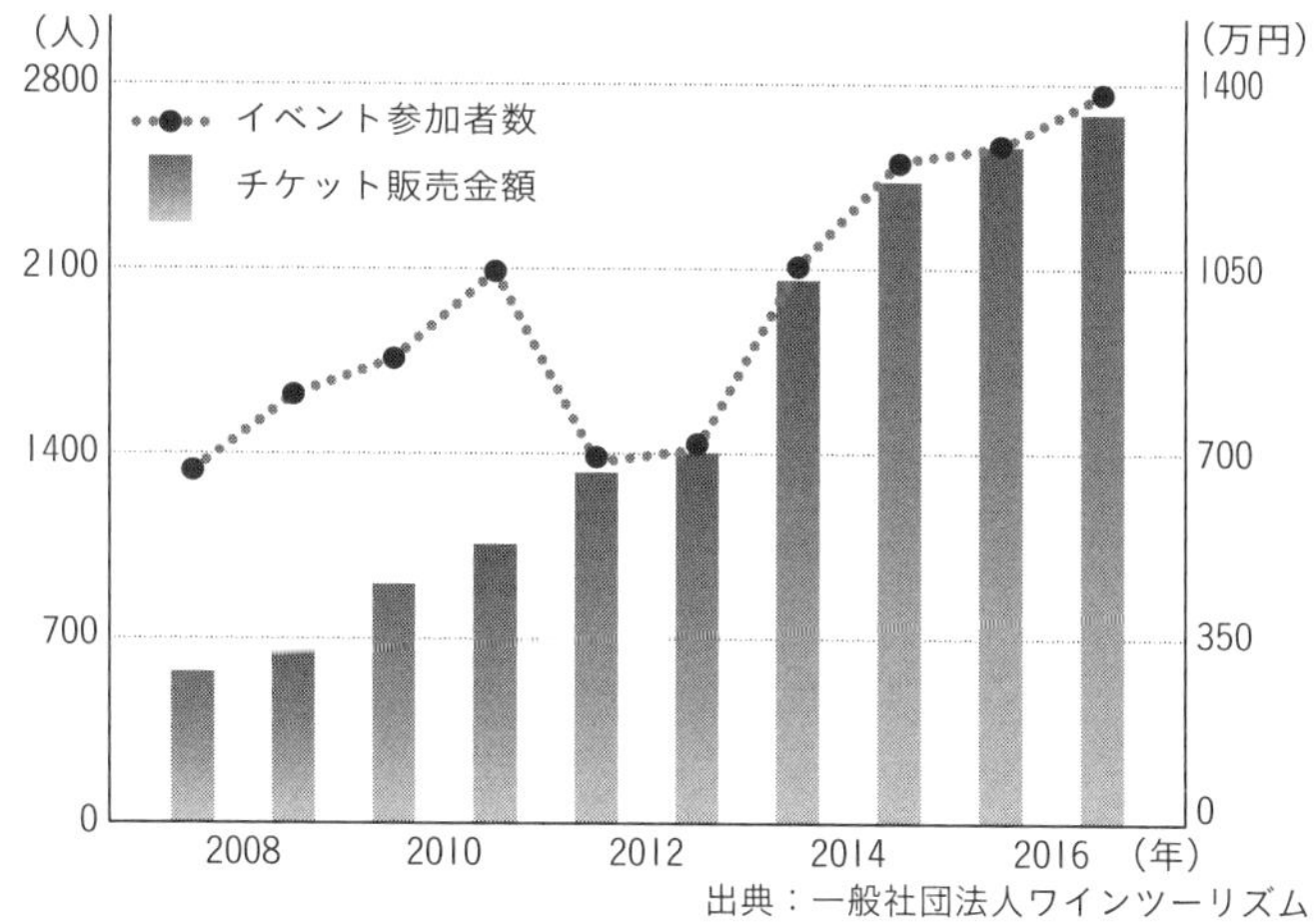

出典：一般社団法人ワインツーリズム

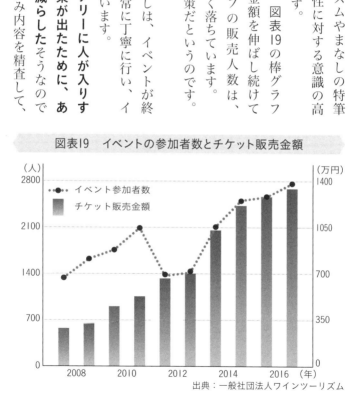

翌年から単価を上げたために、販売金額は下がっていません。そして単価を上げても、人数を絞ったことで余裕を持って見学できるようになりました。そのことで生産者とじっくり対話ができるようになるなどして、参加者の満足度も上がったそうです。

大木氏の目標は、ワイン産業を盛り上げ、文化としての質を高めることです。だからこそ、一過性の集客を求めず、このような決断ができるのでしょう。

オーバーツーリズムに対して、地元が利益を得ながら、大きな負担の出ないラインを探る「観光許容量」という考え方があります。

オーバーツーリズム問題を知っていても、多くの自治体関係者などは、売上減を恐れて人が減るような手はなかなか打てないのが普通だと思いますが、大木氏はSDGsが誕生し、オーバーツーリズムが話題になるより前、実に10年以上も前から、観光許容量との兼ね合いを探り、これからの社会に求められるまちおこしを実践されていたのです。

新型コロナウイルスなどの感染症の影響を考えると、短期集中の集客を回避して「三密」をつくらないイベント内容も大切になるに違いありません。こうしたさまざまなことを考えても、実にSDGs的な施策だと言えるでしょう。

4 カカオ豆生産国の児童労働撲滅に取り組むチョコレートメーカー

国内でSDGsの目標に貢献すれば、それがどんなに小さな取り組みでもあっても、連鎖する先で世界にも貢献するものと私は考えていますが、本章の最後に、海外の社会問題と直接関わる事例もご紹介します。

それが、横浜のチョコレートメーカーである、三ツ和商事株式会社の取り組みです。

B2Bで実績を積んできた会社がB2Cに進出

三ツ和商事は、前身の三田食品工業株式会社が製造するココアが、1956年の第1次南極越冬隊に使用されるなど、長い歴史を持っています。1968年には製菓用チョコレートの製造を開始、現在も契約上で名前は出せないものの、非常に有名な大手ブランドにチョコレートを提供しており、B2Bで大きな実績を持つ企業です。

そんな三ツ和商事がB2Cに進出し、自社商品を販売するブランドとして2013年に立ち上げたのが「鎌倉くらん」です。

鎌倉くらん誕生の背景には、三ツ和商事の「日本人ならではの繊細で上質な味を世に問いたい」という強い思いがありました。

B2Bを専業とする企業がB2Cに進出する目的としては、販路拡大や売上アップなどが挙げられますが、加えて「自分たちが理想とするチョコレートを販売したい」と考えました。

日本のワインが国際コンクールで最高賞を受賞し、神戸牛をはじめとした和牛の品質が世界で賞賛されるように、**日本人の感性でつくったチョコレートは世界に通用する**という思い。その思いを胸に、理想のチョコレートを追求するブランドを立ち上げたのです。

チョコレートを通じて世界に貢献する

チョコレートの原料となるカカオ豆の産地は、北緯20度から、赤道を挟んで南緯20度の間に集中しており、「カカオベルト」と呼ばれています。

鎌倉くらんのチョコレートの原料は、カカオベルト内の原産地から厳選した素材を選んでおり、主にガーナをメインとした西アフリカの豆をベースビーンズとし、さらにエクアドルやベネズエラ、マレーシア産の香りを加えるフレーバービーンズを用いて、日本人の趣向に合うチョコレートをつくることに重きを置いています。

そんな三ツ和商事の仕入れ担当者は、必ず現地に飛んで農園関係者と話すようにしているのですが、あるとき、同社の三田創《はじめ》常務が、サッカーの中村俊輔選手が好きなガーナ人青年・ジョンと出会います。

ジョンが中村選手を好きになるきっかけを生んだのが、ガーナの文化やカカオ生産者の現状を伝える「本当のガーナチョコレートをつくるプロジェクト」を立ち上げ、現在はカカオの専門商社・立花商店に勤める野呂謙友《けんすけ》氏です。

野呂氏はガーナのオフォアセ村で、優秀なのに貧困で進学できないジョンに出会います。そして、彼は氏の所属するNGOの支援によって大学進学を叶えます。現在は医者を目指し、理学全般を学んでいるジョンはサッカーが好きで、「憧れの選手は中村俊輔だ！」と語る日本びいきになったそうです。

三田常務が現地の農園関係者と話すと、ジョンのような幸運に恵まれず、お金がなくて大学に行けなかったと語るガーナの方にたびたび出会うそうです。

その背景には、第3章のチャド湖の分析で触れたような、児童労働などの問題が深く影を落としています。児童労働の原因は貧困だけではありませんが、現地のカカオ農園の経営が上向けば、お金がなくて教育を受けられない子どもは確実に減ります。そして、教育を受ける子どもが増えること自体が、その地域や国の将来的な豊かさの向上に大きく寄与します。

三田常務はジョンと出会い、「優秀な人材が進学できない状況があり、そんな方々が大切に育てたカカオ豆を使っている自分たちは、海外の農家の方々への感謝の気持ちを忘れずに、美味しいチョコレートをつくって世に送り出さなければ」という思いを強くしました。

鎌倉くらんのブランドが有名になり、売上を伸ばせば、安定した取引量を自社だけで確保できます。三田常務も、自分たちのチョコレートを通じて、学校に通える子どもを増やすのが自分たちの義務だと考えています。

そのビジョンを貫き、成長することで、「1 貧困をなくそう」「4 質の高い教育をみんなに」「8 働きがいも経済成長も」「12 つくる責任 つかう責任」といった目標に貢献できる三ツ和商事は、SDGs的なチョコレートメーカーなのです。

第6章
持続可能な組織へ

1

「ピラミッド型組織」が行き詰まり「グリッド型組織」が花開く時代に

いよいよ最終章となりました。本章では発展編として、SDGs的価値観の注目が高まっていく未来へ向けて、売上を伸ばし、人を集めていくために大切だと私が考えることをお伝えします。

動力が分散する鉄道の進化

はじめにお伝えしたいのは、これからの時代やSDGs経営に適した組織の形についてです。

結論としては、見出しにあるように、現在の主流である「ピラミッド型」の組織から、「グリッド型（格子型）」の組織へと移行していくものと思われます。

なぜなら、**これからは「グリッド型」組織のほうが成長し、生き残りやすい時代になっていく**と予想するからです。

一例として、「動力の進化」を見てみましょう。

かつての蒸気機関車の内燃機関は、文字通り蒸気機関、1つのみでした。機関士の負担も大きく、事故もあった。そこから、技術が進歩して、蒸気が電気になり、モーターが増え、動力は分散していきます。

これには、さまざまな理由がありますが、速度の向上のほかにも、動力機関の故障によって動けなくなる状態を避けるリスクヘッジなどの目的があります。

蒸気機関車は先頭車両に搭載された1つの蒸気機関が引っ張っていましたが、新幹線は開業当初から動力を分散していました。2020年7月1日に営業運転を開始した、JR東海の新幹線「N700S」では、モーター車は1編成16車両のうち、先頭と最後尾を除いた14車両に分散化しています。

この蒸気機関やモーターは、組織においてはリーダーシップを発揮できる人材を意味します。ピラミッド型の組織は、先頭にのみ動力のある蒸気機関車型と言えます。そして、格子＝グリッド型の組織は、組織のあちこちに動力がある新幹線型です。

ピラミッド型のメリットもあるので、「古い組織」と言いたいわけではありませんが、より新しく、柔軟性があるのはグリッド型と言えます。

危機に強く連鎖しやすいグリッド型

近年、自立し進化する生命体に形容される「ティール組織」が広く知られるようになるなどの追い風を受け、マネジメント論も「グリッド型組織」の考え方に追いついてきたと感じますが、電車の動力に限らず、社会は全体的にそのような方向に向かっていると言えます。

たとえば、インターネットもそうです。アメリカのアル・ゴア元副大統領の提唱した「情報スーパーハイウェイ構想」は、結果的に民間のインターネットの発展に取って代わられる形となりましたが、この構想の背景には、サーバー1つの破壊で重大な危機に陥らないようにと、グリッド型の情報網構築を試みる側面が強かったように思います。

動力・サーバーの増加・分散化・小型化は、いずれも危機対応に優れた全体をつくります。社会は人間の集まりなので、組織のあり方も、優秀な動力源が、企業や自治体の内部にグリッド状に存在する形が主流になっていくと考えます。どれだけ優秀でも、トップ一人の力でしか動けない組織の場合、その人に何かあれば、全体が倒れてしまいかねません。

つまり、**グリッド型組織は「持続可能性の高い組織」と言えます。**

さらに、企業や自治体を導く意思とは、そもそも一人の中にあるものとは限りません。複数の人の考えや思いがまとまることで、強い1つのアイデアやメッセージが生まれるケースも多々あります。そのような「知の集合」をより生みやすいのもグリッド型組織の強みです。

また、外部との連鎖が重要なＳＤＧｓ経営を視野に入れるなら、グリッド型組織は、内部だけでなく、外部との連鎖も生みやすいという強みがあります。

いま、厳しい状況にあるピラミッド型のリーダーこそ、グリッド型の強みを意識してみてはいかがでしょうか？　社内や外部のアイデアを吸い上げることで、現状打破のシナリオが見えてくる可能性もあるように思います。


このようなお話をすると、リーダーシップの欠如に不安を覚える方も多いかもしれません。

実は私がこのような話をさせていただいているのも、リーダーシップのあり方が時代とともに変わっていくという思いがあるからなのです。

過去数千年間、長期にわたり効果を発揮していたピラミッド型組織ですが、近年、階層を前提としたリーダーシップに、制度疲労が起きているように見える社会問題・組織の腐敗が頻発しています。そしてこのような問題は、特定の地域ではなく世界各地で起こっており、より適任で優秀だとされる人が後任になっても、年を追うごとに問題は増え、深刻化しています。

トップに立つリーダーに原因があると見る向きもありますが、**誰がやってもうまくいかないのは、その仕組み自体が、時流に適応できなくなったため**と見ることもできると思います。

ずっとピラミッド型組織でやってきた企業や自治体が、急にリーダーシップを失ったら、ある程度の混乱は起こるかもしれませんが、私は時代はすでに変わり、現在の組織の理想は、権力の集中のないリーダーシップにあると考えています。

そのヒントは、自然界にあります。奇しくも『ティール組織』の著者フレデリック・ラルー氏は、ティール組織を生命体と形容していますが、鳥や魚の群れを思い浮かべてみてください。鳥たちや魚たちの中にリーダーはいません。先頭を行く鳥や魚がリーダーと思われるかもしれませんが、先頭は空気抵抗を受けて疲れるため、どんどん入れ替わっているのです。人間のようにリーダーがその指示を出すわけでもなく入れ替わりを続け、方向転換を一斉にしても、鳥や魚はぶつからず、1つの生命体のように美しく向きを変えます。

「1つの生命体」になるための3つのルール

研究者によると、鳥たちは3つのルールを守っているのだそうです。それが、

①鳥同士がある距離よりも近づきすぎないようにする
②最も近い鳥までの距離を一定に保つ

③一定距離がある鳥と並行して飛ぶ

というもので、この3つさえ守れば、1人に限定されたリーダーがいなくとも効率的に飛び、とてつもない距離を渡ることも可能となるのです。

人間の組織も、誰か一人に依存するのではなく、メンバー全員が精神的にも自立し互いを意識しながら、どんどん遠くまで飛んでいけるのが理想です。「リーダー不在は危険では？」と感じる方は、そうではなく、リーダーと同じくらい信頼できる人が、群れにたくさんいるとイメージしてみてください。

そして、人間は鳥や魚のような本能はありませんが、自分たちの意思で考えを伝えられます。鳥が3つのルールを守って飛べるように、人間も言葉や行動で伝えれば、グリッド型組織全体で守りたい意識を共有できるのです。お茶の井ヶ田株式会社の喜久水庵の店長が、東日本大震災の際に個々の判断で人命を守り、お菓子を避難所に届けるベストの判断ができたのは、今野克二氏が従業員のみなさんにメッセージを発し、共有してきたからでした。

つまり、グリッド型になるとリーダーシップが失われるのではなく、**ピラミッド型組織が適切な手順を経てグリッド型組織に移行できたら、「トップのリーダーシップが組織全体に宿った一つの生命体」になる。**そう考えると、グリッド型の意義がわかりやすいかと思います。

2

成長し続ける組織に必要な「新しいマネジメント」

前項でグリッド型組織のメリットをお伝えしましたが、ピラミッド型組織に、いますぐ階層型をやめろと言いたいわけではありません。

私は、**ピラミッド型とグリッド型を併存させること**が大切だと考えています。

オープンソースマネジメントが組織のスピードを上げる

グリッド型組織の動力は、さまざまな場所にいる、さまざまな人材が担います。

これは、オープンソースを意識するとわかりやすいでしょう。インターネット上のオープンソース型の辞書であるウィキペディアもそうです。

しかし、このオープンソースにもメリットとデメリットがあります。だからこそ、両方を併存させ、それぞれの強みを活用することが大事なのです。

ウィキペディアは最低限のＩＴリテラシーがあれば誰でも利用できますが、いい加減な内容が書き込まれることも珍しくありません。

質で言えば、専門家が大変な時間をかけてつくり込んだ辞書のほうが明らかに信用できます。この価値を認めないことは、逆に知の軽視であると言わざるを得ないでしょう。

ただ、そのような限られた人の知性・スピード・リーダーシップに頼るやり方は、サイト制作や辞書編纂に限らず、時間がかかりがちです。スピードに関してはオープンソースの圧勝です。

そして、平常時はそれで対応できても、非常時はとにかくスピードが求められます。つまり、グリッド型・オープンソースのマネジメントは、緊急事態への対応力にも優れているのです。

その対応力を身につけるためにも、ピラミッド型組織も、グリッド型の強みを取り込み、併存させるべきだと考えます。

オープンソースマネジメントは、グリッド型につながった人同士のあらゆる接点から意見が出ます。それは、多くの場合、はっきりとした指示の形ではありません。しかし、それでいいのです。強い指示は他の意見を隠してしまいがちです。

最初はちょっとした意見だったり、「いいね」や「好き」につながる情報の拡散だったりします。しかし、それを見た人たちの支持が一定以上に積み重なると、「これをやるべきだ」という指示、組織の意思に変わっていきます。

1つのアイデアが指示にまでなる形は、ピラミッド型組織でも大きな違いはありませんが、ピラミッド型は複数の階層があるので、1つの階層で「いいね！」となっても、上の階層でまた意見を取りまとめ、通過してもその上の階層で……というプロセスが必要です。そのため、組織全体に指示が行き渡るまでにどうしても時間がかかり、対応速度に不安があるのです。

役割でつながる縄文式マネジメント

とはいえ、ピラミッド型組織に慣れている方には、どうしても上下の概念がない、あるいは緩くなることに不安もあることでしょう。

そこで意識していただきたいのが、**「階層」ではなく、「役割」でつながるという発想**です。

縄文時代はあまり上下の概念がなく、みな平等な立場で長く平和な時代が続いたとされます。それでも、狩りが得意な人は狩りを、釣りが得意な人は釣りを、といった役割分担はありました。人と人との関係において上下はなく、それぞれ得意なことをやる。自分の得意を認められると、人は意気に感じ、喜びにもつながる――という形で組織が運営されていたようです。

「上下関係がない」というのは、「個人での生活ではなく、役割で連帯するチームプレイが行われていた」ということ。非常にグリッド型に近い組織形態だと感じます。

また、リーダー的存在も、いなかったわけではないと私は考えます。ただ、それは立場が上なのではなく、「何かあったときの決断をする」という役割を最も的確にできる存在として、仲間から託される人であったのでしょう。

これまでの組織論やマネジメント論は、役割に加えて、権限・権力が混在していたと感じます。そして、世の中に悪影響を与えてきたのも、こうした権限・権力の集中なのではないでしょうか。一方、役割だけに絞って連帯できれば、ＳＤＧｓの目標達成すら容易ではないかと思うのです。

なぜそのように思うのかと言うと、私自身がクライアントと役割だけでつながるからです。私は「先生」と呼ばれることも苦手で、できるだけフラットにコンサルティングをしようと日頃から考えており、クライアントも極力フラットな組織であってほしいと考えています。

そして、そのメリットも強く感じています。組織がフラットな状態にあると、パート勤務のお母さんのアイデアが組織を助けるようなことが、普通に起こり得るのです。

偶然なのか必然なのか、コロナ禍における、新しい生活様式やソーシャル・ディスタンスも、役割へのフォーカスを加速させています。

リーダーの役割は、「組織全体が安全に生き延びるために必要な判断を下す」ことです。しかし、残念ながら、その役割をまっとうできないのに偉ぶったり、無用な口出しをしたりする、権限・権力だけを持つ「リーダーの役割に不適任なリーダー」も少なからず存在します。

そして、リモートワークやオンライン会議は、そんなリーダーを期せずしてあぶり出しました。仕事に限らず、SNSなどでは気安くコミュニケーションをしやすいように、オンラインは階層のフラット化を強制的に進めます。その流れを受けて、世の中全体のグリッド型化、縄文式マネジメント化への移行がさらに加速すると考えています。

逆に言えば、**役割を適切に果たしているピラミッド型組織のリーダーは、グリッド型組織になったところで、やることは変わりません**。みなさんの役割は変わらずに求められ、質の高いアイデアが生まれやすくなる分、やりがいも意義も、より大きくなります。

「誰一人取り残さない」併存の道

冒頭で述べたように、ピラミッド型組織をなくす必要はありません。

では、どのようにして併存するのか（すでにグリッド型組織になっている企業や自治体は、先述のようにリーダーの役割に変わりはないのでそのままで問題ありません）。ピラミッド型組織は、グリッド型の知を集めやすいシステムを導入すればよいのです。

具体的には、社内SNSや、LINE・チャットワーク・Slackなどのチャットツールを活用します。社内では部署や役職に関係なく、自由闊達に意見が行き交う環境をサブで持ち、表向きはピラミッド型の構造を維持する。そのようにして、両方を持っておく。

また、ピラミッド型の企業や自治体は、無理に組織の形を変えようと意気込む必要はありません。本当に時代が必要とするものは、変えようとしなくても、勝手に変わっていくものです。大切なのは、**「場所を用意しておくこと」**です。

序章で紹介したスーパーマーケットのココスナカムラでは、新型コロナウイルスが流行し始めた時期に、こんなことがありました。

レジなどに透明カーテンを張って、お客様に距離を取って並んでもらうときのテープを貼ろうとなったとき、私が「ソーシャル・ディスタンスをすでに実施している店舗があったら教えてください」と実施済みの青戸店の写真を添付し、店長さんらに向けて書き込みをしたら、阿佐ヶ谷店・関原店・梅島店・町屋店が「私たちはこうしています」と写真をアップしてくれました。このように、意見が上がってくるのを待つ前に、それを促進する書き込みをすると意見が活発に出ることもあるので、リーダーは必要に応じてそのようなファシリテートをする意識も大切です。

ココスナカムラでは、その写真を参考に、翌日には残りの店舗のうち半分がテープ貼りを実施し、翌々日には残る全店舗でも対応が終わりました。各店の売場写真を見ることで、実施店舗もさらにブラッシュアップするという動きもありました。ほかのスーパーと比べてもかなりスピーディーな対応だったと自負しています。

日頃から経営がきちんとしているからこそ、現場トップである店長やレジ責任者が適切に動けたのだと感じました。**非常時に現場が自立して動ける組織こそが、これからの時代に生き残り、成長できる**のだと思います。

とはいえ、ピラミッド型だった組織でこのような動きが起きた場合、経営者や役員は「自分たちの指示が遅かった……」と思われるかもしれません。

しかし、気にすることはありません。これこそが未来のオープンソースマネジメントです。また、その上で、リーダーが検証を行い、反省するのも素晴らしいことです。

その反省を活かし、次に同じような機会があった際に、現場の集合知よりも素早く適切な指示ができれば、それこそピラミッド型組織の面目躍如です。このような意味合いからも、ピラミッド型とグリッド型の併存は可能であり、また効果的な第三の道と言えるのです。

コラム「グリッド型が〝脊髄反射〟を可能とする」

ピラミッド型とグリッド型の併存と聞くと、日頃から勉強をされている方ほど、マネジメント組織の複層化を「できるのだろうか？」と微妙に思われるかもしれません。

しかし、先ほど社会全体の方向性とマネジメント組織の方向性を結びつける記述をしましたが、同じ理屈で考えると、やはり併存は可能なのだと私は考えます。

たとえば、生き物としての人間の判断もそうです。

一般的な「反応」は、脊髄を通って大脳に情報が届けられ、大脳が判断を下します。一方、危険回避が必要な非常時は、途中経路のはずの脊髄から指令が出る。この無意識の反応が「反射」です。情報の行き帰りの経路が短く、瞬時の対応が可能になるわけです。

これを組織で考えると、大脳による反応がピラミッド型で、脊髄による反射がグリッド型と言えるでしょう。

そして、平常時はともかく、非常時には脊髄反射しかできないケースが多々あります。ですから、比重はともかく、ピラミッド型組織も、グリッド型組織の情報伝達ルートを持っておくべきだと私は考えます。そのルートに、ピラミッド型組織のトップのメッセージを定期的に流すことで、グリッド全体の反射神経も磨かれていきます。

緊急事態に「現場の判断で動ける組織にしよう」と慌てても、多くの場合は間に合いません。「いまは必要ない」と感じる方々にこそ、グリッド型の重要性を認識し、いまの段階から備えておいていただければと思う次第です。

3

「不の解消法」3つのステップ

第4章で、混乱期の不安・不満・不足・不快を解消する重要性をお伝えしました。これは、非常時を乗り切るポイントでもありますが、SDGs経営においては、恒久的に解決を目指すべき指標でもあります。

どの時代、どの地域、どんな業種にも「不」は存在している

大雨の影響で停電したあとに、電気が回復して電灯が点《つ》いたら、私たちはそれだけで感謝します。

一方、平和で災害などの不安もない状態で、蛍光灯が点滅しだしたら、十分に暗闇を照らす効果はあってもイライラしてしまうものです。

同じように、非常時は不安・不満・不足・不快が増えるので、企業・組織が解消するべき

「不」がたくさんある状態であることは間違いありませんが、どんな時代の、どんな地域にも必ず「不」は存在します。そして、ビジネスや公共事業はその解消のために存在しているのですから、どんな業種にも、ターゲットとなる不安・不満・不足・不快は見つけられます。

だからこそ、常に「不」の解消を目標とするビジネスや施策を行うことが、企業や組織を成長させるための重要な指標となるのです。

お客様からの「ありがとう」は、最高レベルのやる気スイッチ

結果的に質の高い商品やサービスを提供し、お金を得られるなら、同じことだと思われるかもしれません。しかし、まず「不」の解消を考えることは大切です。

なぜなら、**「不」の解消を第一とすることで、視線が外に向かうから**です。「お金のための仕事」や「仕事のための仕事」にならずに、不安・不満・不足・不快を感じているお客様が最初に目に入るようになります。

そうなると、自然にお客様からのフィードバックを見聞きする機会が増えます。始めのうちは、ご不満の反応をいただくことも多いかもしれませんが、改善を重ねてしっかりと「不」を解消できるようになると、お客様から直接感謝の言葉をいただく機会が増えます。

この「ありがとう」は、経営者や従業員のモチベーションを高める効果があります。当たり

前の話かもしれませんが、お金のため、仕事のため、と考えて働いていると人間は疲弊するものです。さまざまな研究からも、人間は報酬だけでは満足できず、お金よりやりがいを求める人が多いことがわかっています。

逆に言えば、企業や組織全体のモチベーションを高め、持続可能性を高めるためにも、「儲け」と「貢献」を両立して、日々お客様から「ありがとう」をいただけるようなサイクルを作ることは非常に重要なのです。そしてしつこいようですが、貢献を自分事にして「ありがとう」をもらいやすいのが、ＳＤＧｓ経営というわけです。

「不の解消法」3ステップ

ただ、場当たり的に「不」を探せばいい、という話ではありません。

自分たちの現状に合った「不」を見つけて、適切に解消できなければ、みなさん自身が不安・不満・不足・不快の対象になってしまいます。

具体的には、「不」の解消を、次の3ステップで考えてください。

①既存のお客様の「不」の解消
②最大手やライバルの「不」の解消

③社会の「不」の解消

まず、近くから始めることです。一隅を照らし終えたら、その光を大きくしていく。そんなイメージで考えてください。

第3章でSDGsの17の目標からのバックキャスティング分析について、深掘りする重要性をお伝えしましたが、それはこのためでもあります。目標は最初から大きなものでよいのですが、深掘りをしないで考えると、③のような大きな問題に直面し、「自分たちのできることではない……」となりがちです。

そうではなく、そこから**細かく刻んで考えることで、自分たちにもできる、また、自分たちがするべき「不」の解消法が課題として可視化される**のです。

4

公害に苦しんだ過去があるからこそできる貢献がある

続いてご紹介するのは、経済協力開発機構（ＯＥＣＤ）によって、ＳＤＧｓの目標達成度合いを調査されるモデル都市に、アジアで初めて選ばれた、福岡県北九州市の事例です。

いま、新型コロナウイルスの影響で大きなダメージを受けている企業や自治体に、いつか「あの危機があったからこそ」と思える未来が待っているのかもしれない――と思っていただきたく、取り上げさせていただきます。

ＳＤＧｓ推進に向けた世界のモデル都市

ＳＤＧｓのモデル都市は、ランダムで選んだ都市の状況を観測・記録するものではなく、社会や地域への貢献に自覚的に取り組んでいる都市の中から選ばれます。

政令指定都市である北九州市は、洋上風力発電に取り組むなど、ＳＤＧｓに非常に意欲的な都市として知られています。

また、より身近で、読者のみなさんにも示唆を与えてくれるだろう、民間セクターの取り組みも活発です。

日本のアーケード商店街のはしりである「魚町銀天街《うおまちぎんてんがい》」は、産学官民ネットワーク組織の「北九州ESD協議会」（ESDは持続可能な開発のための教育＝Education for Sustainable Developmentの略）と連携して「SDGs商店街」を目指すと宣言。アーケードの下に17の目標のアイコンや、SDGsの説明等を垂れ幕で掲げるなど、SDGsに取り組んでいることや、SDGsそのものについての周知に非常に力を入れており、第3回「ジャパンSDGsアワード」の最高賞である「SDGs推進本部長賞（内閣総理大臣賞）」に輝いています。

その取り組みを学ぼうと現地を訪れた際に、私にお話を聞かせてくださった魚町商店街振興組合の梯《かけはし》輝元理事長は、「これからはSDGsに取り組まなければ商店は生き残れない世の中になっていくと思う。仕入先の関係、お客様の関係。だったら早く取り組んだほうがいい」と仰っていました。

魚町銀天街の取り組みは、本当に多岐にわたります。

全体的なものとしては、太陽光パネルを設置して、アーケードの照明費用を自家発電で賄う。先述の垂れ幕などのSDGsの周知。由比ガ浜商店街のような「建て替えない」をコンセプトとする空き店舗対策や、リノベーションスクールも魚町銀天街が発祥です。梯理事長は、「借金して建て替えをしたら、商店街は続けられない」と実に明快に話されていました。

SDGsが始まる前から、このような取り組みをしていた魚町銀天街ですが、「誰一人取り残さない」というコンセプトを先取りするように、ホームレスの方々の就労支援に取り組んでいたのも実にSDGs的です。2008年に約400名いたホームレスは、2019年には100人を切るところまで減ったそうです。

店舗単位でも、開発途上国でつくられた生産物を適正価格で継続的に取引する「フェアトレード」による原材料を使用した商品を販売したり、問屋の出荷単位割れで端数になった商品、消費期限の近い商品、規格外の野菜などを、フードロス対策のコーナーを設けて安価に販売したりと、商店街全体にSDGsの血が巡っています。

個人的に特筆すべき点と感じるのは、**教育に力を入れている**というところです。

「教育は途上国だけの課題ではない」として、リノベーションしたビルにある「北九州まなびとESDステーション」では、「まちゼミ」と銘打ち、お店の店主が講師となり、専門知識や商売のコツを無料で教えたり、SDGsやまちづくりのセミナーや生涯教育の各種講座を開催したりと、年間2万人が集まる学びの場となっています。

そしてこの取り組みについて、魚町商店街振興組合の松永優子理事は、いままで入ったことのないお店に入って「こういうお店なんだ」と知ってもらえたのが一番良かった点と語っています。これぞまさに、「儲け」と「貢献」の両立です。

「プノンペンの奇跡」を支えた北九州市

魚町銀天街の取り組みは、序章のようにみなさんへのヒントになると考え、ご紹介させていただきましたが、実は本章のテーマとしてさらにお伝えしたいのは、北九州市の自治体としてのある取り組みです。

カンボジアの首都・プノンペンは、1993年まで続いた内戦のダメージで給水能力が大きく低下し、なおかつ漏水や盗水が多発して無収水率（料金を徴収できない水の割合）が7割を超えていました。北九州市は、そんなプノンペンの水道設備に多大な貢献をし、2004年には水道水が飲めるようになり、無収水率は先進国に並ぶか上回る1桁台にまでなりました。

この一連の事業は「プノンペンの奇跡」と呼ばれ、カンボジア政府は北九州市長に友好勲章「大十字章」、北九州市の水道局職員に友好勲章「騎士章」を贈っています。

北九州市を中心に、さまざまな国や人が関わって実現したこの事例は、文字通り連鎖が生んだ奇跡として、国連のウェブサイトでもＳＤＧｓの事例として紹介されています。

そして、北九州とカンボジアの関係はいまも続いています。プノンペン以外の、カンボジアの8の州都の水道局でもプノンペンの奇跡を再現しようと、人材支援を続けているのです。私が特に素晴らしいと感じたのが、安定した水道運営を実現すべく、各州都の職員に実施している研修を、プノンペン水道公社の職員が請け負っている点です。

北九州から受け継いだ知識と技術が、プノンペン水道公社を起点に広がっていく。東南アジアでは稀な水道環境を実現した同公社には、周辺国からも研修の要請があるほどだそうで、教育の力、正の連鎖の力の大きさを痛感します。

過去オール善

北九州工業地帯は、日本の四大工業地帯の1つとして数えられ、日本の戦後復興に大きく寄与していましたが、一方で公害問題に苦しみ、1960年代には「ばい煙の空」と呼ばれ、北九州地域の大気汚染は国内最悪となり、工場排水によって同市北西部の洞海湾《どうかい》は漁獲量ゼロの「死の海」となりました。

私は、そこから復活した過去があるからこそ、環境や社会の問題を見過ごせないという思いが強く、その思いがプノンペンの奇跡を呼んだと考えています。

故・舩井幸雄の教えに、「過去オール善」というものがあります。どんな出来事も、「必要 必然 ベスト」のタイミングで訪れる。過去はすべて、いまの自分に必要なものであったという発想です。

私たち一人ひとりの人生に置き換えても、「あのときの苦しい経験があったから、本当に大切なコトに気づけた」とか、「大変だったあのときの学びが、自分を成長させてくれた」といった経験はあるものと思います。

いま、北九州市がＳＤＧｓのモデル都市として世界から注目を集めているのも、辛い歴史をポジティブに受け止め、過去オール善のようなスタンスで地元や世界に臨んできたからではないか――と思うのです。

コラム　「非常時は新時代の最初期――過去オール善の考え方」

先ほどの「過去オール善」について、少し考え方を補足させてください。

新型コロナウイルスで大変なダメージを被り、自らの経営するお店を畳んでしまった読者の方もおられるかもしれません。そのような方が読むと、「閉店が必要で、必然で、ベストだったのか？」と思われるかもしれません。

しかし、そのような問いにも、私はＹＥＳと答えざるを得ません。

それは「必要 必然 ベスト」とは、以下のような意味合いであるからです。


今回の新型コロナウイルスが人類に突きつけたのは、その影響の大きさだけでなく、「このような事態が再度起こる可能性が少なからず存在する」ということです。たとえ新型コロナウイルスのワクチンができても、新たなウイルスが生まれる可能性は否定できません。

飲食店を複数経営していたものの、その店をすべてクローズせざるを得なくなった方がいたとしましょう。と言うよりも、仮定するまでもなく、確実にそんな方がたくさんいます。

仮に新型コロナウイルスが流行していなくても、同じような感染症の問題がいつか起こるとします。それが3年後だったとしたら、いま閉店を惜しまれるような優秀な経営者ほど、より事業が拡大した状況で感染症の影響を受ける——つまりはいまコロナ禍に巻き込まれるよりも、さらに大きなダメージを受けていたはずです。

そのように考えると、どれだけ苦しい閉店であっても、「必要 必然 ベスト」のタイミングでこうなっていると受け止めるべきだと思うのです。私が完全に理解するのは難しい、大変な苦しみであるに違いありませんが、そう受け止められると、再出発に即しての心持ちも変わってくるのではないでしょうか。

「復興は非常時から始まっている」と先述しましたが、コロナ禍のダメージを早期に受けた方ほど、ある意味で強制的に、新しい時代への適応にも早期から取り組む格好となります。いま現在がポストコロナ時代の最初期と考えると、その対応を最も早く始めるのは、コロナ禍でこれまでのビジネスモデルの継続が難しくなった方々である可能性が高いのです。

たとえば飲食店のビジネスモデルが、ソーシャル・ディスタンスのキープを前提に再構築されるとしたら、高級レストランは開けた地域にあるのが当たり前になるかもしれません。

東京や大阪と同じどころか、圧倒的に安い家賃で、これまでと同じ人数を、しっかりと距離と換気を確保した店舗でお迎えすることも可能です。B級グルメではなく「A級グルメ」によるまちおこしを掲げ、高級レストランが集まる島根県邑南町のような地方創生を考える自治体も今後増えていくように思います。

そう考えることで、もしかしたら、今後の新しい時代のビジネスのための「必要　必然　ベスト」であった――と思えるようになる方が、一人でも多く増えてほしいと願っています。

そして、時代の変化に対応した新たなチャレンジをするためにも、生き延びることです。残念な閉店や倒産も、ダメージを最小限に抑えて生き延びるための戦略であったのだと思えるような未来を掴むためにも、いま生き延びることが大切です。

私が2020年8月下旬に京都で乗ったタクシーの運転手さんの体感では、9割以上減った観光客が天橋立《あまのはしだて》には5割戻り、京都の市街地はまだまだ戻っていないとのことでした。

これは、消費者の感覚がすでに大きく変わっていることを示しているように思います。

この時期に旅行に出る方は、リスクとの向き合い方を十分に考えている人がほとんどでしょう。そんな方々が、同じ京都で京都市の中心部よりも天橋立を選ぶのが目立っているのは、旅行においてもソーシャル・ディスタンスを取りやすい場所を求めているからに違いありません。

少し話は変わりますが、私は今後、飲食業界や旅行業界に限らず、このように「密」を避けて「疎」を求める方々に向けたビジネスや観光施策を考えることも大切になると考えます。

「glamorous（魅惑的な）」と「camping」を合わせた、綺麗な建物に宿泊しながらキャンプを楽しめる「グランピング」施設の宿泊は、2020年6月以降は回復基調にあり、前年を上回る施設すらあるそうで、旅行に対する市民の考えの変化は、ここからも見て取れます。

この観点から言えば、コロナ禍は、地方においては対応いかんによって、チャンスにもなる可能性があるのではないでしょうか。

〝疎は貧にあらず〟です。

それでは、反対に、密だと思われている京都市の観光に未来はないのかといえばそうではありません。旅行者のニーズが変わっただけなのです。

密に不安・不快といった「不」を感じる人が増え、疎のニーズが高まったなら、京都市内の知られざる疎な場所、これまで混雑しきっていた人気スポットの疎の曜日や疎の時間を、リアルタイムで見せていけばいい。

これは京都市に限らず、世界中の人気観光地や人口密度の高い都市においても同様だと考えています。

5 経済的自立を目指し糸を紡ぐ（チャルカを回せ）

ここまでは、どちらかと言えば企業に参考にしやすい話が多かったので、この項では自治体、地方創生の「これから」についての私見を述べさせていただきます。

利益創出期間で考える大手企業誘致と地元産業活性化

地方創生の一環として、多くの自治体が取り組んでいるのが、大企業の誘致です。それにより、雇用を創出し、移住者を獲得しようとする試みです〈図表20〉。ところが、近年目につくのが、大企業の工場誘致に成功して、求人募集をしたものの応募自体が少ないケースです。

この背景にあるのは、人口減少による人手不足だけではないと私は考えます。

大きい企業だから人が集まる時代は終わっています。「良い仕事」でなければ、人は集まりません。良い仕事の条件はお金だけではありませんが、大企業の工場で募集されるのは非正規雇用であるケースも多いのです。これには、大企業が中心に進めてきた非正規雇用の拡大に対する、市民の不安・不快といった「不」が背景にあるように思います。

さらに、問題点はほかにもあります。人がある程度就業しても、遠方から自動車で出勤する方が多く、地元にお金を落とす機会が少ないのです。また、大企業の工場は為替変動などによって、人件費の安い外国へ移転するリスクもあり、持続可能性も低いと言えるでしょう。

このような観点から、大手企業の工場誘致に成功しても、すべてが地方創生にプラスにはなるとは限りません。

本社そのものや、組立工場ではなく研究機関を伴うマザー工場などを誘致できると、生活拠点を本社やマザー工場の近くに持とうと移住

図表20　大企業誘致を考えるときのイメージ

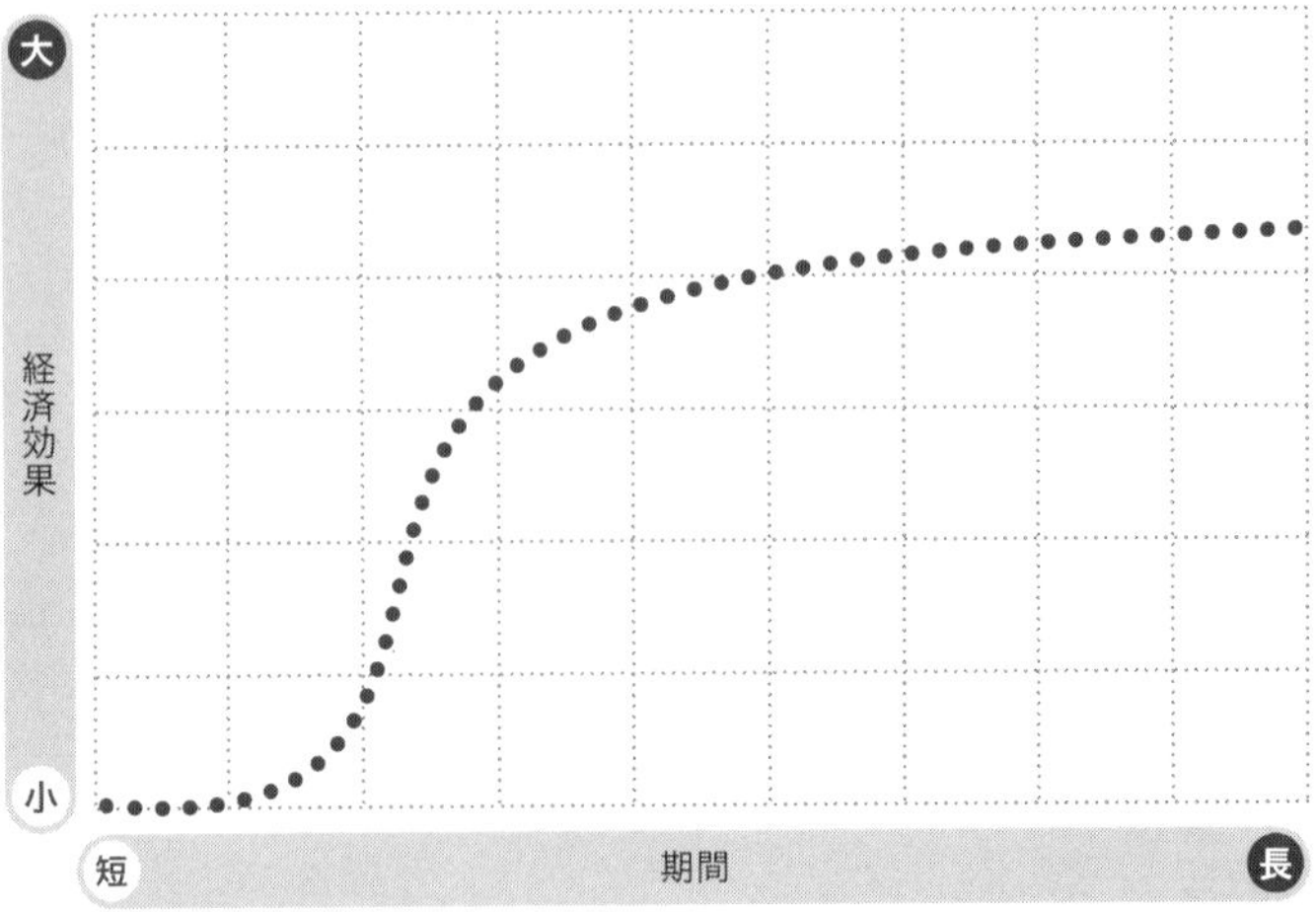

する社員やその家族が多く、地域にお金を落としてくれる期待値も高まります。しかし、海外でも代替可能なタイプの工場などは、誘致できても、別の、より便利な場所に移転してしまう可能性もゼロにはできません〈図表21〉。

もちろん、成功事例もあるので「大企業を誘致するな」と言いたいわけではありません。

ここでお伝えしたいのは、**地方創生のための産業振興で最も大切なのは、地元への利益をもたらしてくれる「利益創出期間」である**ということです。

そこで私が重視したいのは、地元の伝統産業の再活性化です。生む経済効果は少ないかもしれませんが、利益創出期間はずっと続きます。携わるのもほとんど地元に住む方々ですから、

図表21　大企業誘致後の実績（組立工場誘致の場合）

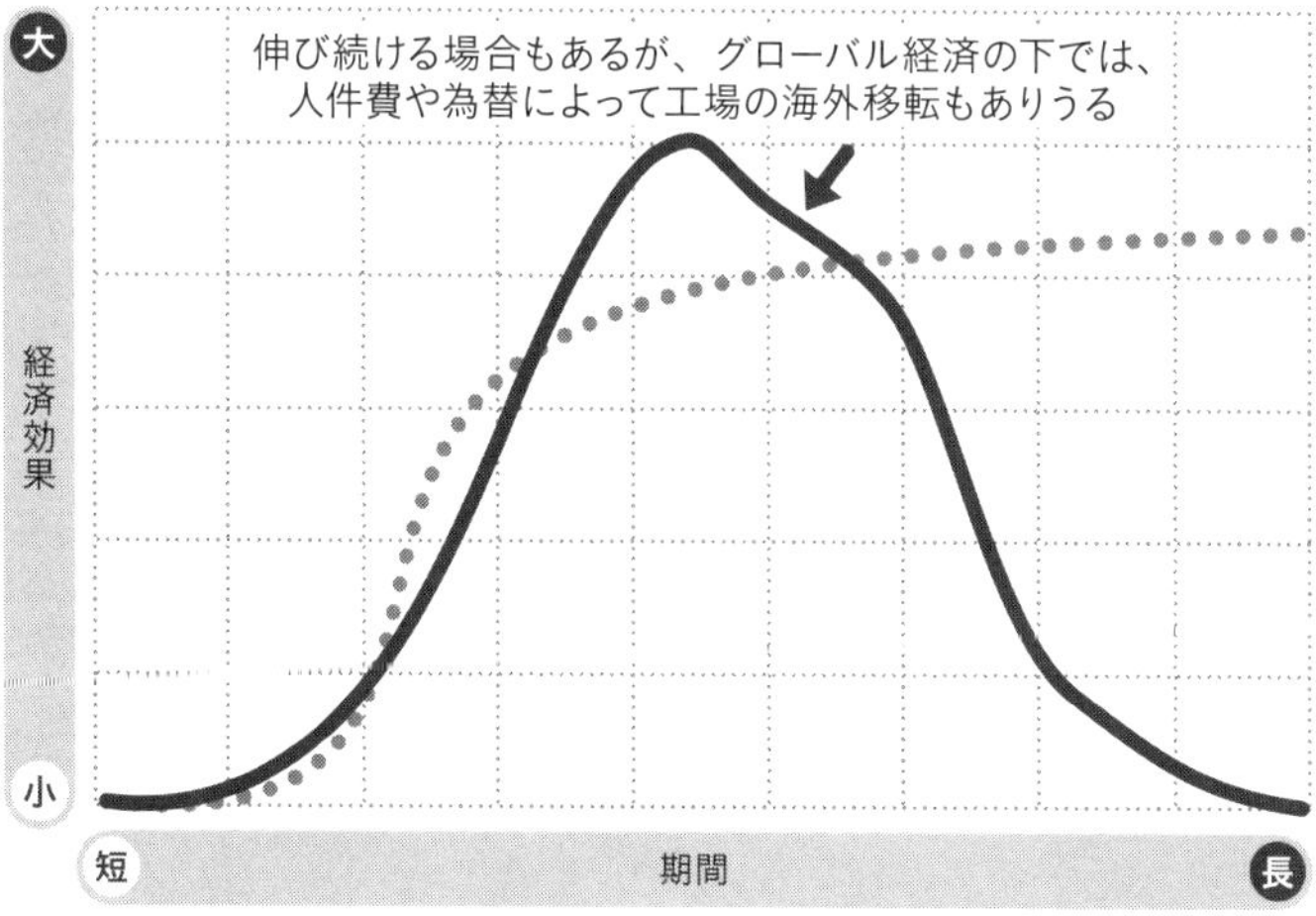
伸び続ける場合もあるが、グローバル経済の下では、人件費や為替によって工場の海外移転もありうる
大
小
経済効果
短
期間
長

地元を何度も巡るお金は確実に目に見えて増えるはずです〈図表22〉。

販路開拓で伝統産業を復活させる

とはいえ、伝統産業の底上げも簡単なことではありません。

地元の伝統産業が衰退している場合、意識的なテコ入れは必要不可欠です。そして、そのために必要不可欠なのは、販路開拓です。

これまでのファンがいて、これまでの売り方があって、売上や利益が足りないのであれば、「これまで」以外の売り方を目指すべきです。

丹後ちりめんで言えば、和服愛好家以外にも刺さる服を生み出すのも大切ですが、一色テキスタイルのように内装材に進出するなど、新しい何かを、新しい相手に売れないか考える。

図表22　伝統産業を再活性化した場合の実績

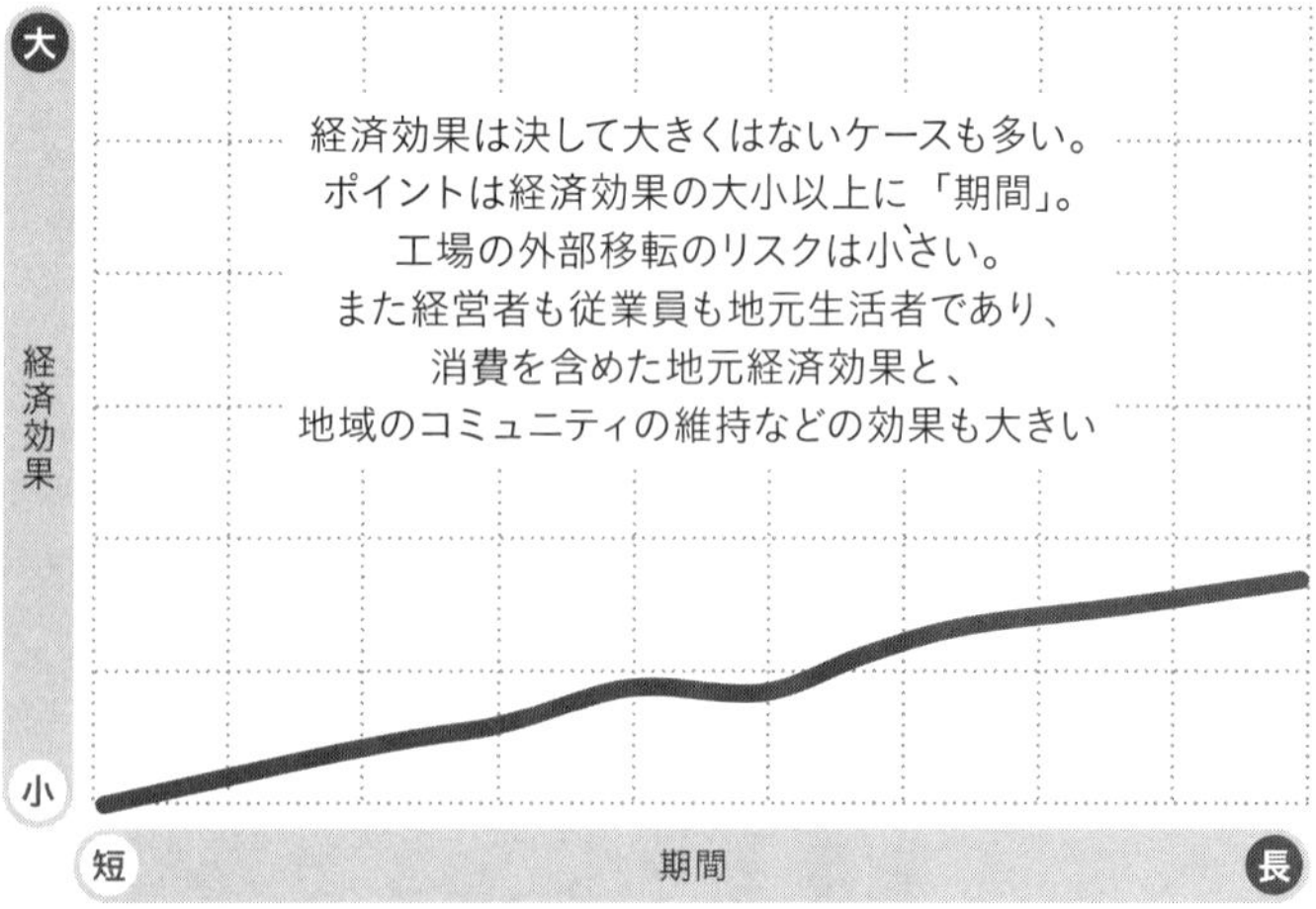

大
経済効果
小
短
期間
長
経済効果は決して大きくはないケースも多い。
ポイントは経済効果の大小以上に「期間」。
工場の外部移転のリスクは小さい。
また経営者も従業員も地元生活者であり、
消費を含めた地元経済効果と、
地域のコミュニティの維持などの効果も大きい

これは一見、企業や組織のすることに見えるかもしれません。また、企業や組織の自助努力も大切だとは思います。ただし、この部分のフォローは自治体でも可能です。

たとえば第4章で触れた、福知山市商工会主催の「販路開拓塾」「商品開発塾」「SDGs実践塾」や、与謝野町商工会の「売れる商品づくりプロジェクト」はまさにそれです。長い歴史と高い技術を持つ人たちが困っていたら、プラスアルファは自治体や商工団体でフォローする。SDGsな未来に向けて、これが今後大切になる連鎖だと思うのです。

抹茶が飲むものから、お菓子のフレーバーとして新たな用途を獲得し、日本酒が世界の「SAKE」になったように、伝統産業が新たな広がりを見せるケースは実際に数多くあります。

伝統産業が衰退するのは、品質が低いからではありません。多くの場合、時流に適応できなかっただけです。地元でお客様が減ったら、県民に問う。県で足りなければ日本中に問う。日本で足りなければ世界に問う。グローバル経済の中で、販路をそうやって広げていくのは基本的なアプローチです。

すっかり日本中に定着した讃岐うどんも、ブームになったのはたった30年ほど前の話です。香川県民には当たり前の食事を、外から見れば、一軒家のような店に入ってうどんを食べること自体がレジャーになることに気づいた田尾和俊氏が、「郷土料理として推しても若者は動かないが、レジャーと思うと面白がる」と考えて仕掛けたのです。

大切なのは、このように新しい視点を与えてくれる人を探したり、出会いに行ったりするなどして、「情報の距離を稼ぐ」ことです。よく「移動距離に比例して情報量は増え、受けたショックに比例して情報の質は高まる」と言いますが、**「売れない」と困っている方々は、多くの場合、自分の縄張りから出ていません。**ですが、外に出てみると、小林ふぁ～むの「とまとのじゅ～す」のように、あっという間に人気が出て、高値がつくことも珍しくないのです。

これまで多くの経営者やビジネスパーソン、自治体の首長や地方創生のキーパーソンと呼ばれる方々と会ってわかったことは、「運は縁が運んでくる」ということです。

運に恵まれる人は、縁を深め、縁を結ぶアクションを日頃からしています。ネット時代、コロナ禍になってもこの本質は変わりません。むしろ、ネットの発達により、この法則はさらに効果を増していると感じます。ネットでさまざまな人と知り合えば知り合う分だけ、直接会って濃いコミュニケーションを交わすときのポジティブなショックは大きく、濃くなります。

伝統産業がインド独立の力となった

私が伝統産業に力を入れるべきだと述べるときによく例に出すのが、マハトマ・ガンディーのエピソードです。

彼は日々、インドの糸紡《いとつむ》ぎ車「チャルカ」を用いて絹糸を紡ぎ、インドの人々にもチャルカを回すことを呼びかけました。

当時、インド人が綿花をつくり、その原材料をイギリスが大型機械で製品化していました。インド人が綿布や綿製品を買う場合、自分たちを植民地支配しているイギリスでつくられたものを買うしかなかったのです。ガンディーはこのことがインドの貧困を深める原因であると考え、インド人が自らチャルカを回して糸を紡ぐべきだと訴えます。チャルカはインド独立運動の象徴となり、国旗にもデザインされていた時期があるほどです。

産業革命には勝てないと一度は諦め、手放したチャルカを回して絹糸を紡ぎ、綿布や綿製品をつくることで、ガンディーはインド人の経済的自立・精神的自立を果たそうとしたのです。

この2つが積み重なり、第2次世界大戦によってイギリスが被ったダメージもあり、それらが閾値《いきち》を超えたことで政治的独立をも果たしたのだと私は考えています。

これが、伝統産業再生の力です。伝統産業の再生は、あきらめが蔓延した状態、「これまで」の流通チャネルのみへの依存状態からの自立を、現実のものとする力があります。だからこそ私も、全国の伝統産業再生プロジェクトに携わっているのです。

みなさんの手元に、**「回すのをやめていたチャルカ」**がないか、考えてみてください。

6

SDGsが実現する10年後、20年後の社会

本書の終わりとなる本項では、少し話を広げ、SDGsが広まり、正の連鎖が起こればこんな社会になる——という私の予想、ないしは「なってほしい」という願いを記させていただきます。個人的には、SDGs経営が広がり、当たり前になることで、このような社会の実現に寄与したいと考えています。

格差を生む都市集中型文明からの脱却

先ほどコラムでも触れたように、今後、「疎」を求める人は確実に増えていき、コロナ禍が収束したとしても、新たな感染症の流行を意識して、そのスタイルがすべて失われることはないだろうと私は考えています。そして、そう考えると、一部の大都市にヒト・モノ・カネが集まる、現在の都市集中型の社会は、少しずつ地方分散型に変わっていくように思います。

グリッド型組織の例として、集団で飛ぶ鳥の例を述べましたが、ピラミッド型組織で生きる鳥もいます。それが鶏《にわとり》です。純粋なリーダーが存在し、その下も順位がつきます。

鶏の順位は、「ほかの鶏に突っつかれた回数」で決まるそうです。リーダーは集団のすべての鶏を嘴《くちばし》で突き、ほかの鶏には突かれない。最下位の固体は、ほかのすべての鶏から突かれる。

私は、このような弱肉強食の社会よりも、フラットな社会のほうが楽しく生きられると思いますし、組織全体のパフォーマンスも上がると思います。

都市集中型社会は、都市を頂点とするピラミッドを形成し、社会や人に階層を突きつけます。地方分散型は、すでにそのあり方がグリッド型です。

とはいえ、都市集中型文明からの脱却のために、「自然が豊富で環境のいい郊外が良い！」「大都市はダメ！」と言いたいわけではありません。

「都市か、郊外か」という二択は対立を生み、分断に至ります。その考えはＳＤＧｓの考え方の対極です。そうではなく、**第三の道として、都市と郊外を連鎖させていく発想が大切**です。

たとえば、道路の充実です。道路はピラミッド型とグリッド型の併存が進んでいます。

ある程度大きな都市には、地元の人ならみんな知っている「渋滞する道路」があるものです。都市集中型の発想で設計された道に、想像以上の人・車が集まって血管が詰まっているのです。

そんな都市生活者の「不」を解消するために実践されているのが、都市の中心を通らない道路です。すべての車が都市の中心を通らなくても済むことで、一極集中をフラットに分散し、ガソリン代や高速道路代も安くつきます。

この例として挙げられるのが、関東にある圏央道（首都圏中央連絡自動車道）です。圏央道の影響で、埼玉や茨城で地価が上昇トレンドになった自治体もあります。

それまで地方の景気は良くも悪くも東京と連動していました。このような現実を、東京都心部を通らない圏央道が少なからず変えています。

圏央道は東名高速・中央道・関越道・東北道のすべてと接続しています。その利点から、圏央道沿いに工場や倉庫の移転が相次ぎ、圏央道沿いの埼玉県、茨城県の自治体で地価が上がって行きました。東京の景気に関係なく、地価の上昇を招いたのです。

経済優先はやはり長続きしない

私はこのように、大都市の「心臓」にかかる負荷を軽くすることが大切だと考えます。第二の心臓を増やすよりも、血管を増やして、連鎖しやすくする。そうすることで、心臓やその周辺も元気になり、都市の魅力も増すのではないでしょうか。

同時に、日本各地の自治体が、いま持っている自然や文化を活用した観光振興に力を入れることで、心臓から離れた場所の魅力も増していけば、都市と郊外の連鎖も活発になります。自然観光や文化を活用した観光振興も、それを見に来る周囲の都市に住む方あってのものです。

このように書くと、いま東京や大阪に住む方は、自分が損をするように思われるかもしれませんが、日本が弱っているのは、大都市以外の地域に、酸素や栄養に相当するヒトやカネが十分に行き渡らず、壊死しかけているからだと思われます。心臓にどんなに問題がなかったとしても、体のあちこちで壊死が起こったとしたら、健康とは言えないのではないでしょうか。

一部が富むことで全体を引き上げるモデルに妥当性が認められた時代はあったかもしれません。しかし、壊死した組織を切って捨てるようなモデルに、今後も全体を存続させる力があるとは思えないのです。

都市集中型から地方分散型への移行が実際に進んだら、その途上で損をする人が実際に出る可能性はあるかもしれません。ですが、そんな不安のある方は、ＳＤＧｓのウェディングケーキモデルを思い出してください。豊かな経済は、豊かな環境と豊かな社会あってのものです。国連が言っている「誰ひとり取り残さない」という強いメッセージは、国や自治体のあり方に対しても投げかけられています。

10年後、20年後を見据えて「木を植える」まちづくり

第2章の地方創生SDGsマトリクッスで、集中型の自治体が分散型を目指し、自然豊かな自治体になろうとするのは難しいと述べました。

しかし、実はかつては木のまったくない禿げ山がたくさんあったように、首長の任期などで考えない長期的視野に立てば、自然を人間の意思で増やすことは可能です。

私は、これからの都市は、自然豊かな自治体を目指すのは無理があるにせよ、**都市機能と自然のハイブリッドという第三の道を、10年、20年といった単位で考えることが大切になる**と考えています。

今後、東京や大阪といった一部の超大都市を除けば、人口減少に伴って確実に地域に「隙間」が増えていきます。そして、その隙間に新しくビルを建てても、儲けにつながらないくらい、あちこちに隙間が目立つようになっていくでしょう。

この隙間を人工的なもので埋めるよりも、地球の持続可能性向上に活かすのが、これからのまちづくりだというのが私の考えです。

以前、京都府宮津市で地方創生関連のお仕事をさせていただいたことがあります。

まだＳＤＧｓも生まれていなかった当時、井上正嗣市長のお話は強く印象に残っています。「宮津市の将来を明るくするために、オリーブの木を植えようと決めました。これまでの市の農業はみかんや柿といった果樹農業。実が大きく重く、収穫時の肉体への負担を考えると、これからの高齢化社会には合わなくなる。農作業の負担が軽くなるように、実が小さなオリーブ農業を推進したいのです。オリーブは施肥の回数も果樹よりも少なく済むため、ご高齢の農業従事者のメリットが多いと考えます」

井上市長は、「未来のために木を植える」とも話されていました。これは、江戸時代に米沢藩の経営改革を行い、現在も多くのビジネスパーソンに示唆を与えている名君・上杉鷹山《ようざん》を想起させます。鷹山公は、漆・桑・楮《こうぞ》の木を百万本ずつ植え、産業を振興し、米沢藩を赤字の輸入藩から輸出藩へと立て直しました。食料の備蓄を推進し、「天保の飢饉《ききん》」でも餓死者を出さなかったと言われており、実にＳＤＧｓ的な政治家です。

２０１３年、畑を耕して２５０本を手植えするところから始まった宮津市のオリーブは、２０１９年７月時点で２０００本にまで増えています。

近年、オリーブ栽培を推進する神奈川県二宮町でも、二宮町商工会からのご依頼で、オリーブプロジェクトに携わりました。今後このような施策は増えていくに違いありません。

都市部では、これまで、未来のために自然を増やそうとしても、そのスペースがありませんでした。そして隙間ができても、経済効率の観点から、木を植える場所があるならビルを建てる。緑化はせいぜいビルの屋上——といった考え方が多かったように思います。

しかし、ビルを建てても賃料が見込めないくらい隙間が増えたなら、さまざまな危機から、持続可能性が注目されるようになっている流れも受けて、都市部でもこのような施策を考える首長が増えていくのではないでしょうか。

未来のために木を植える

これからの時代、本書でお伝えしているように、自然は人を呼び、お金ももたらします。美林のトレッキングと中山道の宿場を楽しめる木曽地域も、桐村製材の京都産木材の木工品で雇用を生み出している福知山市も、宮崎県綾町の広葉樹林も、経済も含めた本質的な豊かさをその自治体にもたらしています。

長期的なプロジェクトとして、都市が緑を増やしていくビジョンを打ち出すことで、これまでにない新しい都市像をつくり出していけるはずです。

豊かな経済を生み出すためにも、未来のために木を植え、環境と社会を豊かにしていく。

そんな発想のまちづくりが、未来の日本を豊かにすると考えます。

もちろんここで言う「木」が、実際の樹木である必要はありません。

誰一人取り残さないために、一人ひとりが、自分に植えられる木、まける種を、未来に残そうとする。**ほんの小さな種をまくだけで十分です。それだけで、負の連鎖にブレーキをかけ、正の連鎖を生み出せる可能性がある**ということは、ここまでお伝えしてきたつもりです。


ただ単に、都市に隙間ができて、新しい建物ができない状態が続くと、それはそれは寂しい光景に違いありません。

しかし、人口減少などを、ただ悲観的に受け止めるのではなく、それが新しい時代に適応した「疎」を自然に増やすためのチャンスだと考える。

そうして増えた隙間が、地域を良くしようと考え出された施策によって、自然などで埋められていったなら、10年後、20年後のその土地は、どんな景色で、どんな風が吹くのか——。

そこには、とても美しい景色が広がっているように思います。

そして、ＳＤＧｓの発想と連鎖の力があれば、決してそのようなビジョンは絵空事ではないと、私は心から信じています。

おわりに

本書の最後にお伝えしたいのが、**「スモールアクション、ビッグインパクト」**という考え方です。

地球や人類の未来を救う、という目標を前にすると、好意的な方でも「大きすぎる」、否定的な方は「詐欺のようでは？」などと思ってしまうかもしれません。

しかし、背伸びをしない活動でも、本当に小さな活動でも、連鎖を呼んで大きな成果につながることがたくさんあります。また、負の連鎖を生む行動に加担しないだけで防げる悲劇もあります。

ですから、本書を読む前の生活よりも、ほんの少しだけ、地球や社会にプラスになる習慣を取り入れてみませんか？

イギリスのコーンウォールの試算のように、たった1％の違いが、連鎖すると大きな違いを生みます。あなたのＳＤＧｓなスモールアクションが、未来を変えるかもしれません。

本当に、本当に小さなアクションで十分です。

フラット化した階層のないつながりでスピーディーに情報とアクションの結果が広がっていくと、気がつけばビッグインパクトが起こっている。

埼玉県寄居町の商工会による、会員企業のテイクアウト・デリバリー実施店のポータルサイトの事例が京都府与謝野町に広がったのも、フェイスブックのシェアがきっかけでした。

マウスのたった1クリック、スマートフォンのたった1タップが社会に好影響を与えるかもしれない――。そう考えると、「貢献」という言葉に対する敷居も、相当に低くなるのではないでしょうか。

寄居町のポータルサイトをつくられた方も、全国に拡散させるつもりはなかったはずです。

ただ、地元の力になりたかった。

一隅を照らそうとしたその行動が、結果的に全国の飲食店の助けとなったのです。

みなさんも、地球全体だと大きく感じられても、生まれ育った土地や、好きな地域への貢献ならイメージできるのではないでしょうか。

そしてＳＤＧｓな行動は、企業経営や、自治体運営に限ったものではありません。

親が子に、「食べ物を粗末にすると、もったいないおばけが出るよ」と言うのもＳＤＧｓ教育です。

ＳＤＧｓの力を、儲けと貢献が両立できることを、一人の小さな活動が世界を変えられることを、信じていただける方が、本書を通じて一人でも増えるようなら、これほど嬉しいことはありません。

これまでお仕事をさせていただいたみなさま、本書の作成にお力を貸していただいたみなさま、そして、最後までお読みいただいたみなさまに、心より感謝申し上げます。ありがとうございました。

【著者略歴】
三科公孝（みしな・ひろたか）
株式会社ノウハウバンク 代表取締役。1969年山梨県生まれ。立命館大学文学部哲学科を卒業後、株式会社船井総合研究所に入社。多数の企業のコンサルティングを行い、収益改善や組織改革の経験を積むとともに着実に成果を上げる。2000年に同社退職後に独立し、株式会社ノウハウバンクを設立。中小企業の集客・売上アップ・販路開拓などの企業活性化プロジェクトとともに、地域資源活用によるヒット商品開発や観光集客・PRなどの地方創生プロジェクトも手掛けるほか、研修・講演活動なども行う。企業・官公庁・公的団体など組織形態を問わず、実践的で確実に売上・集客につなげるコンサルティング手法に定評があり、特に近年は、東京ビッグサイトや幕張メッセなどでの大規模イベントを含め、全国でSDGsに関する講演・セミナーを行っている。

https://knowhow-bank.com/

儲《もう》かるSDGs《エスディージーズ》

2020年10月21日　初版発行
2022年　1月20日　第3刷発行

発行　**株式会社クロスメディア・パブリッシング**
発行者　小早川幸一郎
〒151-0051　東京都渋谷区千駄ヶ谷4-20-3 東栄神宮外苑ビル
https://www.cm-publishing.co.jp
■本の内容に関するお問い合わせ先 ……………………… TEL (03)5413-3140／FAX (03)5413-3141

発売　**株式会社インプレス**
〒101-0051　東京都千代田区神田神保町一丁目105番地
■乱丁本・落丁本などのお問い合わせ先 ……………… TEL (03)6837-5016／FAX (03)6837-5023
service@impress.co.jp
（受付時間　10:00～12:00、13:00～17:00　土日・祝日を除く）
※古書店で購入されたものについてはお取り替えできません

■書店／販売店のご注文窓口
株式会社インプレス　受注センター ……………………… TEL (048)449-8040／FAX (048)449-8041
株式会社インプレス　出版営業部 ………………………………………………… TEL (03)6837-4635

カバー・本文・図版デザイン　華本達哉（aozora）
校正　小倉レイコ
DTP　荒好見（cmD）
印刷・製本　株式会社シナノ
ISBN 978-4-295-40470-5 C2034